正信偈の研究

松塚豊茂

如来大悲の恩徳は
身を粉にしても報ずべし
師主知識の恩徳も
ほねをくだきても謝すべし
親鸞聖人和讃

まえがき

なぜいま『正信偈』か。『正信偈』と現代の間には、こう言ってよければ、気が遠くなるような距離がある。距離とは、大きく言えば、宗教における現代の不在、現代における宗教の不在である。それゆえに冒頭の問いは、不在を通り抜けなければ答えられないだろう。〝生きている、ただそれだけで値打ちがある〟――生の直接肯定の言表である。こういう考え方が、無自覚的にせよ、現代人を根底から規定する。現代人は、そういう生の直接肯定に立脚していると言えるだろう。政治・経済はいうまでもなく、科学・教育・医療・福祉その他、生の直接肯定の視野のもとに立つ。特に科学・技術が市場原理に組みこまれ、人類は豊かで快適な生活に祝福を見出して来た。科学万能と経済至上主義は、覆面した生の直接肯定であろう。それは生を生のみからとらえる。生を生のみからとらえるは、人間を人間のみからとらえると同義である。生の内在的把握は、そのまま人間の自己内把握にほかならぬ。

翻って、現代の世界・日本を思うとき、すべてがどうにもならないところに立っているような気がする。閉塞感が全体に漂い、どこにも光が見えない。識者の予測はことごとくはずれて、現実はあらゆる楽天主義を裏切っている。その場凌ぎの弥縫策でとても解決できないことは、誰の目にもあきらかだろう。これまでの価値観ではとても問題を支えきれないことは、識る人ぞ識る。現代の病根は政治・経済等の領域を遥かに超えて、哲学・思想の問題と結びついている。生きるとはどういうことか、人間とは何か、つまり生の意味・人間の本質がますますわからなくなった。

デカルトの「我考える、我あり」で哲学は、陸だと叫んだ水夫のように確かな基礎を発見した。考える主体が確立された。真理の座が人間主体に移され、近世哲学は主体性の哲学となった。その基本的立場は、理性への信頼として人間性の肯定である。爾来、哲学は急速に主体性の道を行ききったと言えるだろう。「近―現」代の哲学は、そもそもの始めから宗教からの離反という方向を含んでいたのである。フォイエルバッハ、マルクスの無神論は、ラディカルな宗教否定であることは言うをまたぬ。なお、主体性の方向に宗教との対決を行ききったのはニーチェである。宗教にとって彼のニヒリズムは、決定的であると言える。ニヒリズムは、生・人間の直接肯定のなかから開かれて来た大きな否定である。彼の哲学は現代の病根―現代が現代にとってどうにもならない一個の問題と化した―を先取、彼の予言は見事に当たった。ニヒリズムにおいて現代も宗教も大きな問いの渦に巻きこまれた、と言わねばならない。ニヒリズムは、生の直接肯定から宗教との接点を奪った。不在は、ニヒリズムから由来する。〝生きている、ただそれだけで値打ちがある〟は、何の証明ももたない仮設にすぎない。高いが必ずしも名山でないように、いのちが長いが尊いのではない。生きるは量ではなく、質である。「最上の真理を見ないで百年生きるよりも、最上の真理を見て一日生きることのほうがすぐれている」[1]。ところで「人間とは、超克されるべき何物かである」[2]と、ニーチェは言う。この言葉は人間の内在的把握の突破、人間を超えゆくこと、脱人間化を語る。ニーチェだけではない。キルケゴール、ハイデッガー等に代表される実存哲学は、その点で共通する。実存哲学には何らのかたちで、超越が現れているのである。

「宮中色味のあひだに処することを現じ、老病死を見て世の非常を悟る」（浄土真宗聖典―註釈版 第二版―本願寺出版社、二〇〇四年、四頁。以下同書からの引用は、頁数のみにとどめる）。釈尊出家の動機、仏教の原点である。老病死は、本質的には時代によって規定されぬ。それは時代を超える永遠・超越との関係における問題と言わねばならぬ。そもそも生にはそういう関係が組みこまれている。老病死は、生そのものから開かれる大きな否定にほかならぬ。人間は死と一つに生み出される。「生死無常のことわり」(七七二)が、生そのものを貫く。「生死」と熟されるように、生はもともと死と一つ。生は死と一つにその意味があきらかになる。死がわからなければ、生もわからぬ。逆も言える。同じことであるが、人間は絶対に人間でないところと一つにその本質が開顕される。ということは、仏教がニヒリズムを含むこと、真理の座が人間から奪われる歩みとともに始まることを意味する。厭離穢土は、これを象徴的に語るであろう。

さきに宗教における現代の不在、現代における宗教の不在を語った。もちろん、この言葉は時代的視点を含む。しかもそれには理由がある。しかし不在が生そのものに潜むゆえに、本質的には時代によって規定されない。不在そのものを解明するには、時代という相対的視点は狭すぎる。ゆえに宗教も現代も、それぞれの立場を固持するかぎり、宗教と現代の間はいずれの側からも架橋されぬ。もし現代から架橋しようとすれば、宗教が現代人にとって何の役にたつかという功利主義の視点しか残らないだろう。宗教が現代人の生き方の補完、いわば松葉杖になる。妥協・折衷は、いずれの側も駄目にする。効用性の視点は、現代人の技術的思考の反映であろう。技術的思考は、〝どうして(Wie)〟を問うが、〝何(Was)〟を問えぬ。

宗教と現代について正当に何かを言う地平を開くためには、不在・ニヒリズムの本質を明るみへもたらすほかにはない。それは生そのものから開かれる絶対否定の道を歩みきること、ニヒリズムを通ってニヒリズムを超えることを意味するだろう。さて、仏教にはニヒリズムを通してそれを背後にする道が通じている。そこに「老病死」を超えるということがある。超えられたところを涅槃という。言い換えると、仏教が仏教そのもののなかから距離が距離のまま距離でなくなる、不在が不在のまま不在でなくなるところを聞く。距離・不在のリアリティーが脱去される。距離の有無、不在と現在が意味を失う。生そのものから開かれる否定の道を行ききるところに、大きな肯定の世界が開かれるわけである。涅槃は、絶対肯定の世界にほかならない。距離の無化は、『正信偈』と現代を何よりも近くに結びつけるであろう。『正信偈』を教団の内と外に同時に開くためには、あらゆる既成概念が絶対否定の坩堝に溶融されるほかにないわけである。『正信偈』と現代は無限に遠いゆえに無限に近い。しかも〝近さ〟は『正信偈』の方から開かれる。その意味で『正信偈』は、時と処を超えて永遠に新しい。ここから回向返照すると、なぜいま『正信偈』かという問いも答えも、『正信偈』から来る。『正信偈』の展開として〝問い―答え〟であると言わねばならぬ。ゆえに私たちは、外から『正信偈』に近づくのではない、もともとそのなかにいる。ただ、それが自覚されないだけである。拙著は及ばぬながらその自覚の歩みである。

松江にて

二〇二一年九月

著者

目次

第一章　『正信偈』を読む

『正信偈』（以下『偈』と略記する）を読むとは、当然ながら『偈』を理解することである。『偈』を理解するとは、親鸞を理解することである。親鸞を理解するとは、弥陀の名号を理解することである。読むは、名号の理解に尽きる。しかし、名号の理解・領解はかならずしも容易ではない。『偈』を読む。いったい誰が読むのか。さしあたり「私」。そういう「私」は何ものか。読むにおいて「私」は何処に定位されるのだろうか。まず、「私」の居場所が省察されなければならないであろう。

「しかれば、大聖（釈尊）の真言に帰し、大祖の解釈に閲して、仏恩の深遠なるを信知して、『正信念仏偈』を作りていはく」（二〇二―二〇三）と、親鸞は『偈』製作の由来を語る。製作の根源に弥陀の願意、釈尊以来七高僧の伝承がある。根源にかえすと、親鸞が語るのではない、語らしめられるのである。しかもそういうかたちで、親鸞は彼自身を語る。その意味で『偈』は、親鸞の自督・信心告白と言える。すなわち、弥陀・釈尊・七高僧の伝承を受けて『偈』は成立している。ゆえに読むとは、その伝承に「私」が就かしめられることでなければならぬ。釈迦の説教・七高僧の論釈が『偈』に凝縮されているから、伝承は「名号―親鸞」にまとめられるであろう。したがって読む「私」は、伝承に定位され、そこからあきらめられるほかにない。「名号―親鸞―私」にすべてが摂められると言わなければならない。

蓮如『正信偈大意』に記すように、『偈』は『大無量寿経』と七高僧の論釈の簡潔な要約から成る。前者は「依経段」、後者は「依釈段」と言われる。七高僧は釈尊に依り釈尊に摂まるから、『偈』の全体は釈尊の言説にほかならない。ところで「久遠実成阿弥陀仏　五濁の凡愚をあはれみて　釈迦牟尼仏としめしてぞ迦耶城には応現する」（五七二）とあるように、釈迦如来は弥陀願海から現れた応身である。『偈』の全体は応身の説法と見てよい。また、「弥陀の本願まことにおはしまさば、釈尊の説教虚言なるべからず」（八三三）に鑑みるに、釈迦の言説は本願に遡る。そこから言えば『偈』は、徹頭徹尾、名号を説き、そのほかに一字も語っていない。「仏の名号をもって経の体とするなり」（一二三五）は、そのまま『偈』に冠せらるべきである。名号が『偈』となった。すなわち『偈』は名号の自覚的展開。言々句々が名号の真理証明にほかならない。それゆえに『偈』を統べるのは、きわめて単純なものである。すべての偉大な思想は、根っこを押さえるときわめて単純。単純でないものは、真理ではない。天下一品ともいうべき『偈』の強さは、そこから来る。しかし、単純であるだけにかえって難しい。読むに際して『偈』と対決・格闘、そこから新しい何かを汲みとる――創造のもつ難しさであろう。以上あきらかなように、『偈』は部分を集めて論理的に積み上げた建築物、概念の塔ではない。その意味で教義体系ではない。いわば階段を登るように歩を重ねて、私たちは『偈』に接近できない。『偈』は、押しても突いてもびくともせぬ絶壁のように屹立すると言えるだろう。『偈』は全体のなかへ一挙に跳びこむことを要求するのである。したがって『偈』においては、どのような分析もつねに全体をふまえる、分析に全体が現れる。それゆえに『偈』は、普通の意味では解釈も理解も許さない。このことは『偈』に対する時、いわゆる入門書・手引き書は何の役にもたたないことを意味する。『偈』についての解説・説明、現代訳はほとんど意味がない。大衆性を『偈』に求めることはできない。安易に大衆に近づけて変にわかったような気にさせるのは、かえってよくない。勝義の宗教には、どれほどわかり易くしてもどうしても通れない難関がつねにある。既述のように、すべては名号の理解・領解の一点にかかる。難関はそこにある。改めて問う。名号を理解するとはどういうことであろうか。名号の実存化、名号が実存になる。

「弥陀の五劫思惟の願をよくよく案ずれば、ひとへに親鸞一人がためなりけり。さればそれほどの業をもちける身にてありけるを、たすけんとおぼしめしたちける本願のかたじけなさよ」（八五三）。一読あきらかなように、本願から「親鸞一人」が言挙げされ、名号の領解として「親鸞一人」が立つ。「五劫」は時・歴史。「親鸞一人」は実存。これによって親鸞は、彼自身を定位した。つまり本願の星座に、彼は定点をもつ。その意味で彼はすべての星を定位する北極星である。あらゆる測量が中央標準点に依りすべての定点がそこから決まるように、『偈』の理解に際して「親鸞一人」は定点中の定点・原点である。その原点から「私」は、定位されるであろう。すなわち名号の理解・領解は、「親鸞一人」のそれを意味する。しかし複数の個体を前提する立場から、「親鸞一人」に接近できぬ。個人主義としての「近―現」代の人間把握をそこへもち出すことはできぬ。彼は無数の衆生の一個体として語っているのではない。そこからは「一人」ということがどうしても出て来ない。「一人」には、他人のことは知らぬというところがある。「親鸞一人」に迫るためには、あらゆる先入見が捨てられなければならないのである。さて、「正覚の阿弥陀法王の善力に摂持せられたり」（五四五）とあるように、本願はすべてを一つに集める力、「善住持力」（浄土真宗聖典　七祖篇―注釈版―本願寺出版社、二〇〇五年、一〇八頁。以下同書からの引用は、七祖と略記、頁数のみにとどめる）である。「親鸞一人がためなりけり」は、親鸞における本願力の絶対の集中を語る。「如来、いま未来世の一切衆生の、煩悩の賊のために害せらるるもののために、清浄の業を説かん」（九二）に、「親鸞一人」が開かれた。「十方の如来は衆生を一子のごとく憐念す」（五七七）と讃じられるように、「一子地」（二三七、五七三）、絶対の慈悲の集中点としての親鸞、個における全体、全体における個。それが言葉にもたらされたのである。すなわち「親鸞一人」は、個と全体の絶対の同一として個の破れた個と言われなければならない。

「親鸞一人」は、親鸞における本願力の現成・自覚である。本願力において世界可能を語れば、それは世界の自覚点と言ってよい。以上、名号の理解は「親鸞一人」のそれと同義であることはあきらかであろう。史学上の親鸞は、遠く時の彼方に没した。時のながれを遡って「親鸞一人」に到ることはできぬ。親鸞その人は、史学には閉ざされている。さて、「一人居て喜はゞ二人と思ふべし。二人居て喜ばば三人と思ふべし。

その一人は親鸞なり」（真宗聖典 浩々洞、大正十三年、一〇九七頁。以下同書からの引用は、浩々洞と略記、頁数のみにとどめる）――『御臨末御書』である。これが親鸞への道、そのほかに道はない。親鸞は終わりに臨んで、彼自身への道を示した。「私」から親鸞への道はないから、親鸞から「私」に来る。『御書』は、親鸞との同時性の開示である。

「名号―親鸞―私」は、この同時性にほかならぬ。同時性は二つの性格をもつ。一は名号と直交する垂直的構造、二は歴史的伝承。前者は宗教的真実、後者は宗教的真実の歴史的展開である。つまり「名号―親鸞―私」は、永遠と時、超歴史と歴史の交差点、垂直軸と水平軸の交わるところと言える。ゆえに名号は、時代から規定されない、むしろ時代を超える。時代も歴史もそういう垂直の座標から見られる。「依経段」「依釈段」ともに宗教的真実に摂まるから、両段は一真実の二つの現れ方である。宗教的真実を離れて歴史的伝承もなく、歴史的伝承を離れて宗教的真実もない。名号を離れて高僧もなく、高僧を離れて名号もない。歴史は名号のことわりの展開にほかならない。すなわち次第相承は名号における相承、人も歴史も名号「実語」（一一五二）に基づくのである。これを忘れて人に偏すれば個人崇拝となり、名号に偏すれば客観的教説・表象―「十劫秘事」―となる。

名号と「私」との貫き合い――それが垂直軸である。しかし「私」は、名号へ突き抜けることができぬ。むしろ名号が「私」を貫く。すなわち貫き合いは、「私」の死にほかならない。垂直軸の全体を名号が統べ、光明無量寿命無量のほかに何もないから、「名号―親鸞―私」は、宗教的真実の全現・全領するところである。名号から名号の真理、ことわりからことわりが開かれる。『大経』「霊山―現土」（七四）の説くように、すべてが名号に没する。すなわち全現・全領は「私」の無において全身心を含む。「不可称不可説不可思議の　功徳は行者の身にみてり」（五九九）は、これを言う。「仏身を観ずをもつてのゆえにまた仏心を見たてまつる」（二〇二）とあるように、仏教は身心一如、身と心を分けぬ。そういう身心一如が「名号―親鸞―私」の真理開顕の場である。

名号の真理開示は、さしあたり根源的な問いとして迫る。どう生きどう死ぬか、生も死も一つにひっくるめる大疑として現前する。すなわち問いは、「私」のあり方・生き方とのラディカルな対決となる。「老少不定」（二一一八）という危機的な人間存在は、そこにあらわになるであろう。問いは課題。誓願成就は、一切衆生に名号を聞かねばならぬという仕事が課せられたことを意味するのである。名号はすべてを摂するから、問いは自己及び世界の全体をその射程におく。身心の全体が問いのもとに立つ。問いを免れる何ものもない。これほど大きな問いはない。これが解決されなければ、他の問題解決が解決にならぬ。巷間、死生観がやかましくいわれ死生学が講じられる背景にもそれがあろう。そして近代合理主義のいきづまりがあろう。周知のように、科学・技術は日進月歩である。しかし、科学・技術はこの問いを忘却したところで営まれている。その結果、人間が科学・技術の進歩についていけないというよりも、むしろそれによって使われるという逆転が起った。〝人間とは何か〟ということが、ますますわからなくなったのである。そこから現代のあらゆる矛盾・害毒が吹き出していることはあきらかである。それゆえに人間の本質への問いが、まさに焦眉の急だと言わねばならぬ。

私たちは問いの外からそのなかに入ったのではない。もともと問いのなかにいる。ゆえに答えは、問いの展開の最後の一歩にすぎない。問いが問いそのもののなかから答えを開く。そして自己の全体が名号に摂まるかぎり、答えは名号が自己・実存となることにほかならぬ。すなわち問いの展開として開顕される名号のことわりは実存の論理、「依経段」は実存の論理の展開と言える。翻って「依釈段」は、宗教的真実の歴史的展開である。時というものがなければ、歴史も伝承も考えられない。歴史的展開は、時において成立する。

「たまたま行信を獲ば、遠く宿縁を慶べ」（一三二）の「遠く」は、時を語るであろう。つまり、「行信」に時というものが入る、歴史が本質的に含まれる。したがって「信楽開発の時剋の極促」（二五〇）は、時と永遠の共軛、時における永遠、永遠のアトムである。つまり「極促」に時空の全体を摂める。ゆえに歴史に証をもたぬものは、真実とは言えない。「往生治定の時剋」（一一一四）「宿善開発の行者、一念弥陀に帰命せんとおもふこころの一念おこるきざみ、仏の心光、かの一念帰命の行者を摂取したまふ。その時節をさして至心・信楽・欲生の三信ともいひ……」（一一六二）は、真実顕彰の場としての時を語ると思う。名号において時の真義が開かれると言ってよい。歴史は時における出来事であるから、時の真義はそのまま歴史の意味である。ゆえに歴史はあらゆる瞬間に名号に直結、流転の歴史がそのまま救済の歴史となる。それで歴史的（geschichtlich）と史学的（historisch）は、厳密に区別されなければならない。史学は史観のなかへ事実を組みこんだ表象にすぎない。宗教的真実は実存と歴史の一つなるところに成立、超歴史的であるとともに歴史的である。以上述べたように、名号のことわりは実存の論理であるとともに歴史の論理でなければならぬ。

親鸞は、思索者であるとともに詩人であった。だが、彼は名号に住むかぎり、詩人でもなければ哲学者でもない。『偈』は、通常の意味で詩とは言えぬ。もしそれを本来的な詩と呼ぶならば、そういう詩は日常的言葉のより高い旋律・歌ではない。日常的言葉との連続において本来的な詩はとらえられない。

「依経段」と「依釈段」から成る『偈』は、実存と歴史を摂する。名号の論理の展開、智慧と慈悲の讃歌である。すべての存在するものを貫く名号のことわりが、『偈』から高らかに響く。

第二章　名号の論理

帰命無量寿如来
南無不可思議光

「帰敬の偈」である。この句をもって『偈』の扉が開く。これ開扉の響き。「帰命無量寿如来　南無不可思議光」は、なるほど仏と親鸞との相互貫入であるが、人間親鸞が貫かれているのではない。むしろ親鸞個人の破れるところ、全体が仏の統べるところである。すなわち、無量寿無量光が親鸞を生きるというかたちで親鸞が無量寿無量光を生きる。寿命は慈悲、光明は智慧だから、絶対の慈悲と智慧の生を生きる。そのような意味で句は、すぐれた宗教的生の自覚にほかならない。

あらゆる問題は、どう生きどう死ぬかにおさまる。生き方は死に方と一つに結びつく。人は生きて来たようにしか死んでいけない。死に方を見れば生き方がわかる。開扉から最高の生と最高の死が一つなるところが響く。親鸞はそういう生を生きそういう死を死んだ。『偈』は、人生の根本問題の提起と解答と言わねばならぬ。

法蔵菩薩因位時
在世自在王仏所
覩見諸仏浄土因
国土人天之善悪
建立無上殊勝願
超発希有大弘誓

右、『大経』によって法蔵菩薩の発願を讃じる。『大経』に「時に国王ありき、仏（世自在王仏）の説法を聞きて、心に悦予を懐く。すなはち無上正真道の意を発す。国を棄て王を捐てて、行じて沙門となる。号して法蔵といふ。高才勇哲にして、世と超異す」（一一）とある。しかし、法蔵という実在の人物がいたわけではない。「国を棄て王を捐てて……」は、釈尊になぞらえて説かれたのであろう。はっきり言って『大経』所説は、神話である。法蔵菩薩をどう考えるか。問題は法蔵神話の解釈にある。さて、「在世自在王仏所」は、菩薩発願の場所を示す。絶対における菩薩の発願である。「覩見諸仏浄土因」は「……十方浄土のなかよりぞ本願選択摂取する」（五六六）と相俟って、発願が諸仏の立場を含むことを讃じる。「国土人天之善悪」は、発願が善悪の問題を包摂することを示す。「諸悪莫作　衆善奉行　自浄其意　是諸仏教」（七仏通戒偈）は百千万仏の教行証、誓願はこの根本問題を受ける。善悪の問題が全面的に『偈』に貫入、そこに根本的解決を見出すであろう。次いで「建立無上殊勝願　超発希有大弘誓」と、偈頌がつづく。発願は広大無辺、それに洩れる何ものもない。「これ時なり。一切の大衆を発起し悦可せしめよ」（一五）には、そういう背景がある。

五劫思惟之摂受
重誓名声聞十方

前句は信と知の統一、つまり正定聚が思惟を含むことを看取させるであろう。また後句によって宗教的活動が、「名声」に定礎されることはあきらか。「願ハクハ我得二仏ノ清浄ノ声一ヲ　法音普ク及ボシ二無辺界ニ一」（真宗聖教全書一、一二七頁。以下同全書からの引用は、巻数と頁数のみにとどめる）も同じ消息を伝える。

普放無量無辺光
無碍無対光炎王
清浄歓喜智慧光
不断難思無称光
超日月光照塵刹
一切群生蒙光照

弥陀仏の妙果は、光寿二無量である。寿命と光明の一つなるところを阿弥陀と名づける。寿命は慈悲、光明は智慧。寿命は体、光明は用。体は用を離れないし、用は体を離れない。妙果を開いて体と用、本質とはたらきである。『偈』は用を正面に出し、光徳を十二にわけて讃じる。

光の働きは、闇を霽らすところにある。照用は破闇に現れる。「無明の闇を破するゆゑ　智慧光仏となづけたり」（五五八）。闇は闇にとどまるかぎり、闇を知ることができぬ。闇を知るは、光徳による。光によって闇を知るとも、闇によって光を知るとも言える。自己存在の有限性を知るのは、無量無辺光　無碍無対光炎王においてである。貪欲を知るのは清浄光に対する、瞋恚・愚痴を知るのは歓喜光・智慧光に対するということである。不断光は照用の絶えないこと、難思光は仏光の測量できないこと、無称光は光徳の説き尽くせないことを偈頌する。超日月光は、眼に見える光でないこと、感性からの超絶を説く。

『大経』「法蔵発願　法蔵修行」（九―一二七）にあきらかなように、普通考えられるような願行ではない。「弥陀成仏のこのかたは　いまに十劫とときたれど　塵点久遠劫よりも　ひさしき仏とみえたまふ」（五六六）に鑑みるに、願行は「果後の方便」（九六九、一二六三）として菩薩のすがたを示したにすぎぬ。ゆえに法蔵菩薩は、「従果向因」の菩薩と言われる。生死因果に苦しむ衆生を救うために、「無因また無果」（二八八）の涅槃から因果の相を示した。因果を無視して救うわけにはいかないからである。「兆載永劫ノ修行ハ　阿弥陀ノ三字ニオサマレリ」（浩々洞、二二二）「万徳すべて四字に彰る」（一八〇）「菩提の妙果、上願に酬ひたり」（四八五）「かの仏の因位の万行・果地の万徳、ことごとく名号のなかに摂在して…」（八六六）――法蔵神話解釈の光源がここにあると思われる。名号の中に法蔵神話が組みこまれ、神話の理解は名号の領解に摂在する。すなわち法蔵神話から名号へではなく、名号から法蔵神話が解釈されなければならない。何ゆえに弥陀は、いわば一段下りて菩薩のすがたを示したのか。法蔵菩薩は、仏道修行にどのような意味をもつのか。

「たとひ大千世界に　みてらん火をもすぎゆきて　仏の御名をきくひとは　ながく不退にかなふなり」（五六一）。「仏法には身をすててのぞみもとむ心より、信をば得ることとなり」（一二九三）。これらの法語から仏道・聞法の厳しさが響く。「願を発して仏道を求むるは三千大千世界を挙ぐるよりも重し」（七祖、五）は、仏道の重さ厳しさを語って思い半ばにすぎるものがある。また『大経』「三毒段」に鑑みるに、無上道心は名利・愛欲との対決を迫る。仏道はさしあたり世間との鋭い対立において現れる。

「比丘、仏にまうさく、〈この義、弘深にしてわが境界にあらず。やや、願はくは世尊、広くために諸仏如来の浄土の行を敷演したまへ。われこれを聞きをはりて、まさに説のごとく修行して、所願を成満すべし〉」（一四）。浄土という言葉が出て来るのは、これが始めではなかろうか。浄土教の始源をこの経説に見る。もちろんこれは、菩薩の能力の制限を意味しない。発言には遠く末代一切衆生を視野に収める目がある。どこまでも衆生の立場を含んで、比丘の発言となったのだと思う。ところで単に相対を排除する絶対は、まさにそれゆえに相対に堕す。絶対は絶対の自己否定、相対になりきることにおいてはじめて絶対である。経文は、逆説的に「願力無窮」（六〇六）を語ると思う。以上の意味で菩薩の発願修行が、仏道修行に基礎を置く。「如来の作願をたづぬれば　苦悩の有情をすてずして　回向を首としたまひて　大悲心をば成就せり」（六〇六）は、宗教的要求の淵源を開示するであろう。仏性とか宿善とかが言わるべきならば、「如来の作願」のほかにない。それは宿善があるとかないとかという形式的な問題でなく、深く生き方にくいこむ。それともに菩薩は、聞法の超越構造を示す。「如来、一切苦悩の衆生海を悲愍して、不可思議兆載永劫において、菩薩の行を行じたまひしとき、三業の所修、一念一刹那も清浄ならざることなし、真心ならざることなし」（二三一）は、これを語るであろう。法蔵菩薩というものがなければ、宗教的要求もヒューマニズムに還元され、人間的な何ものかになる。絶望を蘇らせるのも人間心となる。宗教も人間の文化的所産となるであろう。

「菩薩は五種の門に入出して、自利自他の行成就したまへり」（五四六）。五種の門とは、「礼と讃と作願と観察と回」（五四六）の謂い。親鸞は、この菩薩を法蔵菩薩と解釈する。「入出二門を他力と名づく」（五四九）「願力成就を五念と名づく」（五四八）「智慧の念仏うることは　法蔵願力のなせるなり」（六〇六）からあきらかなように、信心獲得は法蔵願力成就の証明である。『獲』の字は、因位のときうるを獲といふ。『得』の字は、果位のときにいたりてうることを得といふなり。『名』の字は、因位のときのなを名といふ。『号』の字は、果位のときのなを号といふ」（六二二）。「因―果」は「名―号」「獲―得」と配置され、因と果の全体を含んで名号・獲得なることがここに語られている。名号の領解が信心獲得にほかならないから、信心獲得は法蔵菩薩の願行成就と絶対同一と言わなければならぬ。それゆえに聞法・求道は、法蔵菩薩の願行のいのちからいのちに切りこむ現成以外の何ものでもない。その意味で念仏行者は、菩薩の願行を継ぐ人である。法蔵神話の理解の地平が、ここに開かれると思われる。神話の実存化、実存となつた神話――それが理解・解釈である。「十劫成仏」は、実存の立場を現す。そこに神話の文献・史料にもとづく解釈からの解放があろう。神話の実存的解釈は、ブルトマンのいう非神話化（Entmytologisierung）と響き合うようである。そういう意味で法蔵神話は、最高の生き方と最高の死に方を決め人生に基礎を置く。

「一切群生蒙光照」は、名号が実存になるところに開ける宗教的生の世界性を讃じる。「『一切群生蒙光照』といふは、あらゆる衆生、宿善あればみな光照の益にあづかりたてまつるといへるこころなり」（一〇二六）における「宿善あれば」は、実存の立場を指示するとともに観想・汎神論に堕する危険を配慮した釈であろう。もし名号から法蔵菩薩を捨象すれば、弥陀法も理念・観念となる。「信心」も思弁的接近となろう。そして「無帰命安心の邪義」に真近くねらわれるであろう。

本願名号正定業
至心信楽願為因
成等覚証大涅槃
必至滅度願成就

前二句は、名号が行信になるの謂い。願の自己における実現として、行信が教の真理証明の場所となる。浄土の「荘厳清浄功徳」（七祖、五七）と衆生の「顚倒不浄」（同）は、必然的関係に立つ。「諸仏三業荘厳して　畢竟平等なることは　衆生虚誑の身口意を　治せんがためとのべたまふ」（五八六）は、この関係を現して身体が真理証明の場となることを語る。正定業は、身体における仏と衆生との切り結びとして成立するのである。その場が仏によって規定されるかぎり、「正定業」は衆生の選択ではない。むしろ如来の選択、選択本願の現成である。また「穢身すてはてて」（五九二）とあるように、「正定業」は身心脱落放下にほかならぬ。身心が直接正定業に参加するのではない。仏と衆生の神秘的直接融合は、邪道と言わねばならぬ。むしろ「正定業」は、身心を含む全体の絶対否定の場であるとともに、他宗教・他宗派への決断の根拠を奪う場と言える。その意味で「正定業」は、「決定心」（二五二）である。他宗教・他宗派との相互理解が言わるべきならば、絶対否定の徹底のほかにない。そうでなければ、折衷・妥協となり、何もかも混乱する。全身心の否定的媒介のゆえに、念仏が口から出る心から出ると言えぬ。「念仏の出口が知れぬ」[3]。

「本願名号正定業」は、衆生の全身心を絶対否定的に媒介、衆生の三業の全体を汲みつくす。悪業が転成されて、「正定業」のリズムとなるわけである。それは心臓の脈動にも譬えられるであろう。「彼此の三業」が、一つのリアリティーにおいて証明し合う。「願力無窮にましませば　罪業深重もおもからず　仏智無辺にましませば　散乱放逸もすてられず」（六〇六）は、まさにこの相互証明と言える。そこに悪業煩悩が、創造的な意味をもって来る。そういうかたちで「正定業」は、仏の仕事であるとともに私の仕事、「念仏申さんとおもひたつ……」（八三二）と「たすけんとおぼしめしたちける……」（八五三）は、同じ一つの「たつ」。「仏体すなはちわれらが往生の行」（一二一二）である。「いかんが礼拝する。身業に礼したまひき。……いかんが讃嘆する。口業に讃じたまひき。……いかんが作願する。心につねに願じたまひき」（五四六）は、礼拝・讃嘆・作願が菩薩の願行に由来すること三業が名号の真理証明の場となることを、偈頌するであろう。「一切身業随智慧行　一切口業随智慧行　一切意業随智慧行」（一四九四、巻末註）もこのことである。「仏凡一体」「機法一体」「彼此の三業あひ捨離せず」（七祖、四三七）も同じ消息を伝える。すなわち「無辺・難思の光不断にして、さらに時処諸縁を隔つることなし」（四八六）と讃じられるように、「正定業」は三業四威儀を離れぬ。「正定業」は、全身心の絶対否定であるとともに絶対肯定である。名号の論理としての絶対否定即絶対肯定の現成が、「正定業」となる。名号は動を動のままとらえる論理、動即静　静即動の自覚にほかならぬ。分別論理はそれができぬ。理解するとは、固定・静止させることだから。

「名号の外に能帰の衆生もなく、所帰の法もなく、能覚の人もなきなり」(4)「南無阿弥陀仏の中には機もなく法もなし」(5)。この法語によって明らかなように、「正定業」は「主観—客観—関係」のなかに入って来ない。むしろ「正定業」においてこの関係の無根拠性があらわになる。対象的に仏を求めることの迷妄性があきらかになる。仏の残るところ自己も残る。自己探求・自己凝視の虚しさも、ここにあぶり出されるであろう。自己を客観視するというが、背後に主観がかくれているから。「自己をはこびて万法を修証するを迷いとす」(6)は、まさに万古不磨の金言である。

絶対否定が仏と自己を射程に収めるように、絶対肯定も両者を含む。ゆえに絶対否定即絶対肯定は、仏と自己の相互否定即相互肯定の謂い。相互肯定とは仏と自己の自覚し合う場、一つの自覚における両者、両者における一つの自覚である。「諸仏如来はこれ法界身なり。一切衆生の心想のうちに入りたまふ」(一〇〇)は、この相互自覚を説くと思う。つまり「正定業」は、仏と自己の絶対矛盾の自己同一の証明にほかならない。以上あきらかなように、「正定業」のほかに実体的な阿弥陀如来も衆生もない。また、相互肯定のゆえにそこに仏も衆生もある。仏と衆生に関して絶対の有と絶対の無が、同時に言われるわけである。「正定業」が、有即無　無即有の真理をとらえる。また〝即〟は仏と自己、機と法の円融無礙の転換の場である。これを反映して『御文章』は、法を語れば直ちに機に機を語れば直ちに法に翻える。機と法が互いに織りなす。もし機を抜きにすれば法体安心・法体募りに、法を抜きにすれば機執・機責めとなるであろう。仏の無ゆえに仏像から「正定業」が成立するのではない。むしろ「正定業」から仏像が考えられる。仏像は「正定業」の真理証明にほかならぬ。「他流には、名号よりは絵像、絵像よりは木像といふなり。当流には、木像よりは絵像、絵像よりは名号といふなり」(一二五三)からも、「正定業」の絶対性が響く。

「正定業」は衆生の業の転成である。業がどこまでも個人的内在性を破るかぎり、「正定業」の個人的・

主観的な理解の誤りはあきらかであろう。「この行はすなはちこれもろもろの善法を摂し、もろもろの徳本を具せり。極速円満す、真如一実の功徳宝海なり」（一四一）に鑑みるに、真如法性の現成としての「正定業」である。その世界的開け「功徳は十方にみちたまふ」（六一七）は、あきらかである。「願以此功徳　平等施一切　同発菩提心　往生安楽国」（回向文）も「正定業」の開顕であろう。「されば南無阿弥陀仏の六字のこころは、一切衆生の報土に往生すべきすがたなり」（一一九五）も、同じ消息を伝える。「一念のほかにあまるところの念仏は、十方の衆生に回向すべしと候ふも、さるべきことにて候ふべし」（八〇五）は、「回向文」のこころを和らげた言葉であろう。つまり「正定業」のほかに衆生利益はない。「専修正行の繁昌は遺弟の念力より成ず」（一二七二）も、同じ意を語る。裏から言えば、念仏のひろまらぬのは同行が相続しないからである。「諸すなわち「念仏申さんとおもひたつこころのおこる」（八三二）は、個人でなく世界における出来事である。「諸仏称揚の願、諸仏称名の願、諸仏咨嗟の願」（一四一）という願名が、「正定業」の無限の広さを語るであろう。つまり「無礙光如来の名を称する」（一四一）は、無数の諸仏を摂する。「悲願は……なほ大地のごとし、三世十方一切如来出生するがゆえに」（二〇〇―二〇一）。名号を開けば諸仏の智、集めれば阿弥陀仏。「正定業」は開閉の両義を含む。また、「往覲偈」（四三―四七）「十方来生」（七九―八二）「証誠段」（一二五―一二七）、いずれも「正定業」の功徳の讃嘆・開展にほかならぬ。「諸仏の護念証誠は　悲願成就のゆゑなれば　金剛心をえんひとは　弥陀の大恩報ずべし」（五七一）「仏光測量なきゆゑに　難思光仏となづけたり　諸仏は往生嘆じつつ　弥陀の功徳を称せしむ」（五五八）。これらの『和讃』は、名号が諸仏の相互讃嘆の場、名号において諸仏が諸仏を讃め合うことを謳う。

「そもそも、男子も女人も罪のふかからんともがらは、諸仏の悲願をたのみても、今の時分は末代悪世なれば、諸仏の御ちからにては、なかなかかなはざる時なり。これによりて、阿弥陀如来と申したてまつるは、諸仏にすぐれて、十悪・五逆の罪人をわれたすけんといふ大願をおこしましまして、阿弥陀仏となりたまへり」（一一九二）。この文に徴するに、宗教的資質の腐敗が諸仏においてあきらかとなると言える。「諸仏のすてたまへる」（一二〇六）は、諸仏が自力修行挫折の証明の場であることを語る。既述のように、諸仏も弥陀に統一され弥陀における諸仏であった。ゆえに諸仏は、「正定業」における絶対否定を象徴すると言える。その意味で名号の論理は、諸仏の立場を含む。ここに弥陀の超絶性はあきらかであろう。超絶性とは、南無阿弥陀仏という仏、南無を冠した仏は弥陀仏のみであることを言う。「阿弥陀如来ひとり、われたすけずんばまたいづれの仏のたすけたまはんぞとおぼしめして……」（一二〇六）は、このことであろう。以上、「正定業」はまさしく絶対行、一切の限定を脱する。

「正行といふは、もつぱら往生経の行によりて行ずるは、これを正行と名づく」（七祖、四六三）。正行は、読誦・観察・礼拝・称名・讃嘆供養を摂し五正行と言われる。「またこの正のなかにつきてまた二種あり。一には一心にもつぱら弥陀の名号を念じて、行住坐臥に時節の久近を問はず念々捨てざるは、これを正定の業と名づく、かの仏の願に順ずるがゆゑなり。もし礼誦等によるをすなはち名づけて助業となす。この正助二行を除きて以外の自余の諸善はことごとく雑行と名づく」（七祖、四六三―四六四）。すなわち善導によれば、五行中の称名が「正定業」である。ところで「助正ならべて修するをば　すなはち雑修となづけたり　一心をえざるひとなれば　仏恩報ずるこころなし」（五九〇）「仏号むねと修すれども　現世をいのる行者をば　これも雑修となづけてぞ　千中無一ときらはるる」（五九〇）の二首『和讃』は、どう解すべきか。前首は正行全体、後首は称名をともに雑修でくくっているから。一見、善導の釈は分析論理のように思われる。偏依善導の法然も同じ（七祖、一一九二―一一九四、取意）。しかし親鸞の解釈は、分析論理に入って来ない。称名、五正行全体に否定の網がかかっている。

「かの仏の願に順ずる」とあるように、仏願が「正定業」となる。「なにのやうもなく弥陀如来を一心一向にたのみたてまつる理ばかりなり」(一二一九)とあるように、名号の理《ことわり》が現れて「正定業」となる。以上、正行・専修と雑行・雑修の判別が、「浄土の行」(五九〇)によることはあきらか。真理の座が本願におかれて前者、自己におかれて―「本願の嘉号をもつておのれが善根とする」(四一二)―後者となる。ところで「助正ならべて修する」は、助正を相対化し絶対的視野を見失っている。「現世をいのる行者」は、専雑の基準を自己にもつ。それゆえに称名・五正行が、雑修と貶せられるわけである。「ただ声に出して念仏ばかりをとなふるひとはおほやうなり、それは極楽には往生せず」(一一三九)も、同じ意を伝えるであろう。「本願名号正定業」に対するとき、自余のすべては雑行・雑修となる。逆に「本願名号正定業」において、すべての行為が正行・専修となる。「雑行を棄てて本願に帰す」(四七二)、捨自も帰他も誓願のはたらき。名号において万善万行が、否定即肯定を廻る。つまり「正定業」は助業に相対しない、むしろ助業をして助業たらしめる。助業は「正定業」に基づく。「阿弥陀如来をたのみたてまつるについて、自余の万善万行をば、すでに雑行となづけてきらへる」(一二二一―一二二二)は絶対否定を、「南無阿弥陀仏といへる名号は、万善万行の総体なれば、いよいよたのもしきなり」(一二二二)は絶対肯定を現す。「この三種の業は、過去・未来・現在、三世諸仏の浄業の正因なり」(九二)に鑑みて、彰義から言えば「三福」(九二)は、名号の功徳の開顕であろう。「上宮皇子方便し　和国の有情をあはれみて　如来の悲願を弘宣せり　慶喜奉讃せしむべし」(六一六)「……一心帰命たえずして　奉讃ひまなくこのむべし」(六一六)は、善導の釈からはみ出ている。しかしこれを雑行という人は、誰もいないであろう。

更に言えば三業四威儀が、正定業においてある。「声々念々ただ阿弥陀にあり」(七祖、九七三)は、一挙手一投足が「正定業」として絶対的行為であることを説く。供花・献灯・焼香も転法輪と別ではない。また「衣食住の三は、念仏の助業也」（四、六八三）は、形式論におさまらぬ助業の闊さを語るであろう。もし自己存在の全体が「本願名号」に包摂されないならば、真宗学・哲学の研究、倫理的実践も何処に宗教的意味を見出し得るであろうか。

名号は根源語と言われる。それはどういうことだろうか。『阿弥陀仏』といふはすなはちこれその行なり」（七祖、三二五）とあるように、「本願名号正定業」とは、名号が行になることをいう。「仏体すなはちわれらが往生の行なるがゆゑに、一声のところに往生を決定するなり」（一三八八）。既述のように、それは身心全体の絶対否定と一つであった。「こころもことばもたえたれば不可思議尊を帰命せよ」（五六二）は、言亡慮絶として否定のリアリティーを語る。「無眼人・無耳人」（五七二）は、「正定業」における否定の契機を取り出したものであろう。こころも言葉もとどかぬところを含んで「正定業」と言わねばならぬ。つまり名号は、単に音声・文字からとらえられない。「かたちもましまさぬやうをしらせんとて、はじめに弥陀仏とぞききならひて候ふ」（六二二）。「法性法身によりて方便法身を生ず。方便法身によりて法性法身を出す。この二の法身は異にして分つべからず。一にして同ずべからず」（七祖、一三九）。これらの法語によって法性法身と方便法身の関係は、「一」が「異」「異」が「一」、「一」と「異」の同一と言わねばならぬ。法性法身は名もなく形もない真如法性の理体、方便法身は名を示し形を現した仏身をいうから、名号は音声・形像を超絶したところから現成する。法性法身と一つなるところに名号の真義の開顕がある。「まことに仏名は真応の身よりして建立せるがゆゑに、慈悲海よりして建立せるがゆゑに、誓願海よりして建立せるがゆゑに、智慧海よりして建立せるがゆゑに、法門海よりして建立せるによるがゆゑに……」（一七七）は、名号が「勝過三界道」（一、二六九）から現成することを語るであろう。真如法性・涅槃の動くすがた――水波の譬えのように水のままが波、波のままが水――動即静　静即動が称名である。

法性法身と方便法身の関係、「二」と「異」の同一――そこから根源語が考えられる。すべての言葉は根源語に消えゆくとともに、すべての言葉はそこから発現する。もし名号が文字・音声に尽きるならば、臨終を超えることはできないだろう。肉体の死とともに、文字・音声も消えるから。それで「つひに念仏の息たえをはりぬ」（一〇五九）は、音声現象を超えたところを含んでいわれている。

「仏華厳三昧を得て一切の経典を宣暢し演説す。……。もろもろの如来の弁才の智を得、もろもろの言音を入りて一切を開花す」（七）。「弁才の智」は、法無礙弁・義無礙弁・辞無礙弁・楽説無礙弁の四無礙智をいう。四無礙智は、言葉の源泉であろう。「一切の聖教といふも、ただ南無阿弥陀仏の六字を信ぜしめんがためなり」（一一九六）は、源泉の開示にほかならぬ。どのような言葉が語られてもすべて名号を説く。以上あきらかなように、阿弥陀の三字においてすべての言葉が絶対否定即肯定をめぐる。阿弥陀においてすべての言葉が奪われすべての言葉が与えられる。「いかんぞこの大願を疑惑せん、ただ釈迦如実の言を信ぜよ」（四八六）は、「釈迦如実の言」が根源語なるを説く。「重誓名声聞十方」は、根源語が名声にほかならないことを讃じ、そこに言葉の真義の開顕がある。「舎利弗、われこの利を見るがゆゑに、この言を説く」（一二五）とあるように、仏の言葉はそれが発せられたということだけで真実である。また、「仏一語を施さば、回心せざる人なし」（道元）は、仏の言葉の功徳を称えるであろう。

「異」と「一」の同一は、言うが言えないと一つに、言葉が言葉を超えたものと一つに成立すること、黙と言の相互貫通を意味する。ゆえに言うを知らない人は黙を知らぬ、黙を知らない人は言うを知らぬ。「木像ものいはざればみづから仏教をのべず、経典くちなければてづから法門を説くことなし」（一〇一八）は、まさに黙である。翻って「やや、しかなり。すでに見たてまつれり……すでに聞きたてまつれり」（七五―七六）と、阿難は見えないものを見、聞こえないものを聞いている。不見の見、不聞の聞。黙と言の同一として仏像が説法し経典が口を開く。また、それゆゑにこそ「正定業」である。「正定業」において仏像を拝む目が奪われるとともに与えられると言ってもよい。礼拝の真理証明、往生のあかしとしての仏像である。そこに仏への執着・法執が離脱せしめられる。それがなければ仏教は偶像崇拝だといわれても、返す言葉をもたぬだろう。

「舎利弗、なんぢが意においていかん。かの仏をなんがゆゑぞ阿弥陀と号する。舎利弗、かの仏の光明無量にして、十方の国を照らすに障礙するところなし。このゆゑに号して阿弥陀とす。また舎利弗、かの仏の寿命およびその人民「の寿命」も無量無辺阿僧祇劫なり。ゆゑに阿弥陀と名づく」（一二三―一二四）。「十方微塵世界の　念仏の衆生をみそなはし　摂取してすてざれば　阿弥陀となづけたてまつる」（五七一）。「法性は寂滅なるがゆゑに、法身は無相なり。無相のゆゑによく相ならざるはなし」（七祖、一四〇）。以上の法文に鑑みて、阿弥陀はすべての存在するものを摂し阿弥陀の外に出るものは何もない。

方便法身が法性法身と一つに現れるかぎり、『論註』は『阿弥陀経』『弥陀経讃』の説相を裏打ちするであろう。すなわち、光寿二無量の現成としての阿弥陀である。阿弥陀はただの名でない。名が存在を含み開示する。「名体不二」（一三八六）とは、この謂い。カントによってリアリティーを奪われた神の存在論的証明が、行信・実存の立場で豊かにそれを回復すると言える。要するに「本願名号正定業」は、そのまま弥陀の存在証明にほかならぬ。すべての存在するものは名号においてある、名号はすべての存在するもののあり場所にほかならない。「阿弥陀の三字にわしがおる」[7]。すべての存在するもののリアリティーは、阿弥陀の三字に摂まる。ゆえに観想・汎神論は、仏教から限りなく遠いと言わねばならぬ。真に〝ある〟と言えるのは阿弥陀の三字ゆえに、人間の言葉は実在との生きたつながりをもたぬ。それは主観性・観念性を脱しない。法性法身として文字・音声・形象を離れたところ一切の限定を脱したところが、他宗教・他宗派との対話の可能性を開くであろう。裏から言えば、それらが残っているかぎり浄土教の枠の外に出ることができぬ。

「至心信楽願為因」は、第十八願の挙示である。「第十八願の願は別願のなかの別願」（三八一）「王本願」は、この願の称揚にほかならぬ。「弘誓は四十八なれども、第十八の願を本意とす。余の四十七は、この願を信ぜしめんがためなり」（一三八三）も、この意を詳説する。ここで、「ただ五逆と誹謗正法とをば除く」（一八、四一）に触れておきたい。「ただ…除く」は願の中から開かれた分裂。五逆・誹謗正法は、悲心へ打ちこまれた衆生の反逆意志である。さて、「難化の三機、難治の三病は、大悲の弘誓を憑み、利他の信海に帰すれば、これを矜哀して治す、これを憐愍して療したまふ」（二九五―二九六）「名号不思議の海水は　逆謗の死骸もとどまらず」（五八五）は、分裂・反逆意志の止揚、統一の恢復を説く。どのような反逆意志も悲心のそこに届かぬ。その絶対否定的媒介として「謗法・闡提回すればみな往く」（四八六）と称えられる。願文・成就文における絶対の二義の一義透明、「至心信楽」の無明と逆対応する動的構造と言わねばならぬ。

「信文類」によると、欲生は信楽に信楽は至心に至心は名号に摂まる。「この至心はすなはちこれ至徳の尊号をその体とせるなり」（二三二）。行も信も本願に基づくから、両者は本質的にかわらぬ。「真実の信心は必ず名号を具す」（二四五）「信のうへの称名」（一一四四）とあるように、信は行への展開を含み行の根源に信がある。だが、信から行への展開は、時間における経過ではない。むしろ、本願・永遠における展開である。「名号はかならずしも願力の信心を具せざるなり」（二四五）は、行信の関係の時間的解釈から決して領解されないであろう。親鸞は、称名という発声現象をとらえて往因に擬する危険を教誡しているのである。行信が「至徳の尊号」（二三二）に摂まるかぎり、「真如一実の功徳宝海」（一四二）「真如一実の信海」（二一二）は、光寿二無量にほかならない。「つつしんで真仏土を案ずれば、仏はすなはちこれ不思議光如来なり。土はまたこれ無量光明土なり」（三三七）の指南により、光寿二無量が「行信二巻」と「真仏土巻」を通底することはあきらかである。真仏・真土がそのまま行信となる。ゆえに「信楽開発の一念」は個の破れるところにほかならない。「私」のなかに起こる個人的・主観的な何ものでもない。それは心理学的・人間学的接近を峻拒する。信心において山河大地・天地万物が名号の真理を証明する。「無量の衆生、みな無上正覚の心を発しき」（八二）とあるように、正覚は正覚としてのみ領受される。

「成等覚証大涅槃　必至滅度願成就」は、第十一願とその成就を称揚する。「至心信楽」と「大涅槃」を結ぶ必然性、行信と証の統一が「必至滅度の願」である。往生浄土の確信は、第十一願に基づく。この必然性は「みな一切諸仏のためにともに護念せられて、みな阿耨多羅三藐三菩提を退転せざることを得ん」（一二七）とあるように、諸仏証誠における不退転である。また、「尽十方の無礙光は　無明のやみをてらしつつ一念歓喜するひとを　かならず滅度にいたらしむ」（五八五）にあきらかなように、不退転は無礙光の利益にほかならぬ。それゆえに「至心信楽」において「成等覚証大涅槃」が言われ得る。因のなかに果を説く、証を先取りするわけである。つまり真実証が正因に摂在、行信が証の展望を開く。以上、「至心信楽」の絶対性は、白日のようにあきらかである。「名体不二の弘願の行なるがゆゑに、名号すなはち正覚の全体なり」（一三八六）「小乗の極果は、大乗の初心に及ばず」（七祖、九一九）「初心の弁道、すなはち本証の全体なり」[8]は、いずれも等しく「至心信楽」の絶対性を伝える。

如来所以興出世
唯説弥陀本願海
五濁悪時群生海
応信如来如実言

前二句、実証史学的考証をふまえない断言、強く言えば真理の独断である。宗教的真実—「真実の教」（一三八）—が、科学的真理と全く異質的であることを予想させるであろう。

「如来の光瑞希有にして　阿難はなはだこころよく　如是之義ととへりしに　出世の本意あらはせり」（五六五）。「出世の本意」は、阿難の問いから開かれる。問いは「生希有心・未曾見」（五六五）という驚嘆から始まる。「今日世尊、諸根悦予し、姿色清浄にして光顔巍々とましますこと、明浄なる鏡の影、表裏に暢るがごとし。威容顕曜にして超絶したまへること無量なり」（八）と、「世尊の威光」（五六五）が阿難に映って驚嘆となった。問いが、「出世の本意」『大無量寿経』開説の機縁である。「それ真実の教を顕さば、すなはち『大無量寿経』これなり」（一三五）。これ浄土真宗の定礎である。ところで、親鸞は「今日世尊、奇特の法に住したまへり。今日世雄、仏の所住に住したまへり。今日世眼、導師の行に住したまへり。今日世英、最勝の道に住したまへり。今日天尊、如来の徳を行じたまへり。去来現の仏、仏と仏とあひ念じたまふ。いまの仏も諸仏を念じたまふことなきことを得んや」（八）「大寂定」（五六六）に、「真実の教を顕す明証」（一三八）を見る。「久遠実成阿弥陀仏　五濁の凡愚をあはれみて　釈迦牟尼仏としめしてぞ　迦耶城には応現する」（五七二）にあきらかなように、親鸞は釈迦を単に歴史上の人物と見ていない。釈迦出現の根源に名号がある。永遠が時に現れて釈尊となった。時空を超える『大経』の会座そのものが、教の真理証明にほかならぬ。二句は、弥陀・釈尊・親鸞の同時性に定礎されるのである。

一見あきらかなように、「本願海」と「群生海」が対を成す。句は「応信」を志向、詩意はそこに集まるように思われる。「本願海」と「群生海」の関係が、「応信」と現れる。「応信」から当為が響く。人生、何を為すべきか。この世の仕事は何か。時と永遠との関係は、さしあたり課題として迫る。「群生海」の一語、問いが「人間」の枠を超えたところに由来することを示すであろう。人生に「群生海」があるのではない。

「群生海」に人生がある。「頓教毀滅のしるしには　生死の大海きはもなし」(六〇二)「煩悩深くして底なく、生死の海無辺なり」(七祖、六七〇)。その広海にただ一人漂う。そういうあり方が、問いとして現ると言える。「本願海」と「群生海」は、さしあたり矛盾対立関係に立つ。だが、矛盾対立の徹底するところ、「本願海」と「群生海」は、相対対立ではなく絶対対立とならざるを得ない。絶対対立のゆえに「本願海」に対する「群生海」もなければ、「群生海」に対する「本願海」もない。絶対対立は「本願海」と「群生海」の相互否定にほかならぬ。したがって「応信」は、仏も衆生もないところを含む。相互否定において仏も衆生もその意味を転じる。すなわち絶対対立とは、対立がそのままその解消であるという意味においてしか語り得ない。文字通りの絶対対立は、そもそも成立し得ないのである。ところで「応信如来如実言」は、解消の当処が如来の言葉にほかならないことを示すであろう。つまり「如実言」は、ありのままそのまま、絶対肯定の謂い。仏も衆生も相互否定即相互肯定、絶対否定即絶対肯定を廻る。意味を転じるとは、それを言う。すなわち「群生海」と「本願海」は、「如実言」において無限に相互を分つとともに一つになる。如来の言葉は、断絶と連続を一つに摂持する。そういうかたちで、如来の言葉が信となるわけである。「本願海」と「群生海」の相互否定即相互肯定は、相互貫入とも言えるが、「群生海」は「本願海」を貫くことができぬ。むしろ「本願海」が「群生海」を突破、「群生海」が破れる。無底の「群生海」も「本願海」―「弥陀の智願海は、深広にして涯底なし」(七祖、六七二)―において底をつく、あるいは辺際を現す。「本願海」は「群生海」の虚妄があらわになる場所である。

能発一念喜愛心
不断煩悩得涅槃

凡聖逆謗斉回入
如衆水入海一味

「あらゆる衆生、その名号を聞きて信心歓喜せんこと、乃至一念せん。至心に回向したまへり」（四一）。願成就の「一念」が、浄土真宗を定礎する。これによって「能発一念喜愛心」が、願成就の「一念」を受けることはあきらかである。第一句と第二句、第三句と第四句は、相互に照応・顕彰する。前二句と後二句は、それぞれ一まとめにとらえられるべきであろう。問題は、「能発一念喜愛心」における「一念」の解明にある。それは瞬間を含意するのは確かであるが、どのような瞬間なのか。

「一切の群生海、無始よりこのかた乃至今日今時に至るまで、穢悪汚染にして清浄の心なし、虚仮諂偽にして真実の心なし。……清浄の信楽なし、法爾として真実の信楽なし。……真実の回向心なし、清浄の回向心なし」（二三一、二三五、二四一）の指南により、「一念」が「私」からおこらないことは確かである。「私」ではないところからの発起と言わなければならない。「いまわれ衆等、度脱を得ることを蒙るゆゑは、みな仏の前世に求道の時謙苦せしが致すところなり」（五九―六〇）「釈迦・諸仏、これ真実慈悲の父母なり。種々の善巧方便をもつて、われらが無上の真実信を発起せしめたまふ」（五五〇）は、「一念」の根源を説く。「一念」の超越構造はあきらかであろう。翻って、「なんぢおよび十方の諸天・人民、一切の四衆、永劫よりこのかた五道に展転して、憂畏勤苦つぶさにいふべからず。乃至今生まで生死絶えず」（六一）は、弥勒領解の裏側、それと逆対応する。『教行信証』「三一問答」は、如来と群生・有情の逆対応を見事にとらえていると思う。対応軸としての超越を同時に上下の両方向に突破するところに開ける同一――それが「一念」である。いま、諸仏・如来において永遠を群生・有情において時を解すると、「一念」は時に現れる永遠、時と永遠の共軛と言える。どこまでも時のなかにありながら永遠にあり、どこまでも永遠にありながら時のなかにある。「有限性の只中にあって無限なるものと一つになり、瞬間において永遠である」[9]。ゆえに「一念」は、単に時における出来事でもなければ単に永遠における出来事でもない。「一念」は、過去・現在・未来をそのもとに摂する脱自瞬間、三世十方一切諸仏の功徳の場である。「この大功徳を、一念に弥陀をたのみまうすわれら衆生に回向しましますゆゑに、過去・未来・現在の三世の業障一時に罪消えて、正定聚の位、また等正覚の位なんどに定まるものなり」(一一九三)は、この功徳の場の開示にほかならぬ。そこに時と永遠の同一として、本当に〝今〟を生きると言える。しかし、凡夫は過去か未来かいずれかの方向、つまり追憶と期待に逃げるのみで、〝今〟を生きることができぬ。「一念」は真如法性そのものである。

「不断煩悩得涅槃」の解釈は、難しい。この句だけを取り出すと、理解はほとんど不可能なように思われる。私たちは何のために苦しむのか。煩悩によってである。「微塵界の有情、煩悩海に流転し、生死海に漂没して……」(二四二)は、煩悩が苦悩の根源であることを説く。

この句は、一見、煩悩は断じ得ないという人間の限界を語る消極的な響きとして受けとられるかもしれない。そういう弱さが甘えの構造となるとき、仏道の厳しさが見失われる。それは浄土教徒の頽落態と言わねばならぬ。煩悩の直接肯定のまま涅槃に入る、涅槃は直接態の煩悩を含む。このような解釈は、涅般は吹き消すの意、煩悩の火の消滅をいうから許されるはずがない。また、「煩悩具足の身なればとて、こころにまかせて、身にもすまじきことをもゆるし、口にもいふまじきことをもゆるし、こころにもおもふまじきことをもゆるして、いかにもこころのままにてあるべしと申しあうて候ふらんこそ、かへすがへす不便におぼえ候へ。……薬あり毒を好めと候ふらんことは、あるべくも候はずとぞおぼえ候ふ」(七三九)、という消息にこの解釈は矛盾する。煩悩の直接肯定は、「悪無礙」「愛欲是道」という邪義に真近くねらわれる。特に大衆仏教の陥穽であろう。仏教はそこから滅びる。「造悪このむわが弟子の　邪見放逸さかりにて　末世にわが法破すべしと　『蓮華面経』にときたまふ」（六〇七）。

「問ていはく、自力といふはいかん。答えていはく、煩悩具足してわろき身をもて、煩悩を断じ、さとりをあらはして成仏すと心えて、昼夜にはげめども、無始より貪瞋具足の身なるがゆえに、ながく煩悩を断ずる事かたきなり。かく断じがたき無明煩悩を三毒具足の心にて断ぜんとする事、たとへば須弥を針にてくだき、大海を芥子のひさくにてくみつくさんがごとし」（四、五九二）。「おほよそ今生においては、煩悩悪障を断ぜんこと、きはめてありがたきあひだ、……」（八四七）。『和語灯録』『歎異抄』の説くように、自力で煩悩を断ずることは、きわめて難しい。否、不可能である。煩悩は煩悩であるかぎり、煩悩を断じることはできぬ。業は業を切ることができぬ。それが煩悩悪業ということである。「心中閉塞して意開解せず」（七〇）とあるように、煩悩悪業はつねにそういう閉鎖性において現れる。そしてその閉鎖性こそ自己にほかならぬ。自己を自己に閉じこめたのがほかならぬ自己であるかぎり、自己はこの閉鎖性を決して切開することができない。切開して外に出ようとすることそのことが、閉鎖性のなかなのだから。ちょうど蔓のように、自己は自己自身にしつこく絡みつく。「煩悩を断じなば、すなはち仏」（八四四）であるが、自己の構造そのもののなかに自力成仏の不可能性が打ちこまれていると言わねばならぬ。「わが末法に、行を起し道を修せんに、一切の衆、いまだ一人も獲得するものあらじ」（五四九）。先述のように、親鸞は煩悩の直接肯定の立場に立っていない。人間の宗教的資質の腐敗は、どうしようもない事実であるが放置すべくあまりにも大きな問題を蔵する。これとともに「不断煩悩得涅槃」の一句、いよいよ考察に値するものとなろう。

既述のように、「能発一念喜愛心」は、清浄無礙光の照耀を言う。前句と一つに、いま問題にしている句は考えられなければならぬ。つまり「不断煩悩得涅槃」のもとに、「断」がある。そのもとに清朗透明の世界が開かれている。句の真理は、「断」と「不断」の自己同一からのみ領解し得るであろう。自己同一のゆえに、煩悩はあってないなくてある。「罪はさはりともならず、されば無き分なり」(一二四四)。つまり自己同一とは、煩悩のリアリティーの脱落、自己が自己にのみかかわる自己閉鎖の切開の場と言える。「一形悪をつくれども　専精にこころをかけしめて　つねに念仏せしむれば　諸障自然にのぞこりぬ」(五八八)は、名号のことわりの開顕としてこの同一を讃じる。また、『御文章』(一〇八六)『蓮如上人御一代記聞書』(一二四五、一二四六)、いずれもこの間の消息を伝えるであろう。「真如はこれ諸法の正体なり」(七祖、一三六)に鑑みるに、現象において煩悩は真如に先立つけれども、本質において真如は煩悩に先立つ。煩悩の体は真如である。ゆえに真如の現成は、煩悩のリアリティーの脱落にほかならぬ。しかし、煩悩の直接肯定は真如を覆う。「罪業もとよりかたちなし　妄想顚倒のなせるなり　心性もとよりきよけれど　この世はまことのひとぞなき」(六一九)は、この被覆を見ている。真如における透明性からこの句の消極的解釈とおよそ異質的なものが見えて来る。「凡夫人ありて煩悩成就するもまたかの浄土に生ずることを得れば、三界の繋業、畢竟じて牽かず。すなはちこれ煩悩を断ぜずして涅槃分を得。いずくんぞ思議すべきや」(七祖、一一一)。「この信心をもって一心と名づく。煩悩成就せる凡夫人、煩悩を断ぜずして涅槃を得、すなはちこれ安楽自然の徳なり」(五四九)。以上、「不断煩悩得涅槃」が「荘厳清浄功徳成就」(七祖、一一一)としての涅槃の讃嘆、行信の内実にほかならぬことはあきらかである。この句が浄土の徳を語って創造的・積極的な意味をもつことは、疑いの余地がない。

「凡聖逆謗斉回入　如衆水入海一味」。「回入」は仏と自己の相互貫入として両方向から考えられる。しかし、両方向はどこまでも仏によって規定される。「まさに知るべし、この人は大利を得とす。すなはちこれ無上の功徳を具足するなり」(八一)としての「一念喜愛心」が、自己を全領するわけである。「海一味」は、煩悩の「断」「不断」を離れた真如法性そのもの「煩悩即菩提」にほかならない。本願海に対するとき、凡夫と聖人、五逆と謗法の罪人、つまり相対的な善悪は意味を失う。絶対善において相対的な善悪が無化される。まさに「回入」は、絶対善への転成である。「本願力にあひぬれば　むなしくすぐるひとぞなき　功徳の宝海みちみちて　煩悩の濁水へだてなし」（五八〇）。「名号不思議の海水は　逆謗の屍骸もとどまらず　衆悪の万川帰しぬれば　功徳のうしほに一味なり」（五八五）。「本願を信ぜんには、他の善も要にあらず、念仏にまさるべき善なきゆゑに。悪をもおそるべからず、弥陀の本願をさまたぐるほどの悪なきゆゑに」（八三二）。以上、等しく本願を讃じる。すなわち、絶対善があっても絶対悪はない。

摂取心光常照護
已能雖破無明闇
貪愛瞋憎之雲霧
常覆真実信心天
譬如日光覆雲霧
雲霧之下明無闇

宗派を問わず仏教の目指すところは、「破無明闇」にある。ところで、「あまねく難思・無礙光を放ちて、よく無明大夜の闇を破したまふ」（四八五）「無礙光如来の名号と　かの光明智相とは　無明長夜の闇を破し　衆生の志願をみてたまふ」（五八六）と讃じられるように、「破無明闇」は「摂取心光」のはたらきである。光が闇に先立つ。夜があけて日が出るのではなく、日が出て夜があける（八七六、取意）。「無明煩悩しげくし

て　塵数のごとく遍満す」(六〇二)は、光と闇が逆対応的に深さと広さを等しくすることを語る。逆対応の消滅というかたちで、破闇が光に属する。初句のもとに第二句が言われるわけである。第三句以下は、一まとめに考えられる。しかし、前二句との間には「破無明闇」にもかかわらず「貪愛瞋憎之雲霧」が残るという落差がある。さて、「三心すでに疑蓋雑はることなし、ゆゑに真実の一心なり」(二四五)の釈によって、「破無明闇」とは本願への疑いが晴れること「真実信心」(二四五)の現成をいうことはあきらかである。ところで、「煩悩の王を無明といふなり」(五七二、異本左訓)の指南により、「貪愛瞋憎」は無明にまとめられる。「無明煩悩」(六〇一、六九三)と熟するように、すべての煩悩は無明に摂まる。生老病死の根元は無明である。また、無明は〝私は私だ〟という我見でもある。ゆえに「破無明闇」は、我見の断滅・無我にほかならない。ところで、「貪愛瞋憎」は反対の情念のように聞こえるが、共通の根を我見にもつ。私たちは、順境に愛着し逆境に嫌悪する。自己主張の実現したすがたが「貪愛」、その抑圧が「瞋憎」にほかならない。親鸞は「貪愛・瞋憎」「貪愛・瞋嫌」(四八五)によって煩悩全体を取り出したのだと思う。天才の炯眼だろう。「貪求して厭ふことなく」(三八)は、自己目的としての貪求を説く。また、心理学者は憎悪が人間のいちばん深い感情だという。いずれも『偈』と意を通じる。迷いの根源の情的把握として、人間存在の深い闇がここに語り出されていると言える。

　見る聞く嗅ぐ味わう触れる―眼耳鼻舌身(皮膚)の五つの感覚器官―と意は、六根と言われる。無明と我見は同義異名だから、六根の全体が我見に統一されそのもとに集めれらる。我見との関係に入らない何ものもない。すべてが我見の枠を通しそれを屈折して現れる。我見は万象の現前する地平、他者において自己を見るという自己確認の地平である。その遠近法のもとに世界が現象する。それゆえに見るとか聞くとかいう最も普通の感覚さえも、我執のもとに好悪・快不快という色づけとともに現前する。一挙手一投足、三業四威儀が我執の闇にくるまって現れるのである。六根を介し所与される質料的なものが、我見という形式と相互貫入・自覚し合う。例えば、食欲や性欲の満足も我欲の満足という意味をもって来る。そこに〝私は私だ、どこまでも私だ、私は絶対に私の主人だ〟という我見、生きたいという意欲の実現があろう。無明を形式的に言えば我見、質料的に語れば愛欲であるから、我見と愛欲を媒介するのは無明、相互貫入の場は無明である。したがって情欲・食欲等は、自然的ではなく自由の使用―忽然念起無明―との関係に入る。単に自然的であれば、相互貫入は考えられない。我執は先天的、経験的なものによって規定されない。我執は自我表象以前、主体的な自己以前と言わねばならない。すなわち我執の現実化としての自己は、あらゆる存在するものに先立つ。生・身体もそれによって結ばれている。身心の統一点は無明、身と心とは分けられぬ。万人は我執とともに生まれるが、誕生が我執の原因ではない。また、肉体の死が我執の消滅ではない。誕生・死亡ともに我執の射程のもとにある。我執において生死流転するのである。

「本願を信受するは、前念命終なり」(五〇九)は、我見・身見の死を説く。ゆえに信心獲得は、我見・身見の脱落、無我にほかならない。すなわち、『愚禿鈔』のいう「命終」は肉体の死を意味せぬ。もし「前念命終」が肉体的生命の断滅を意味するならば、「平生業成」(一〇八七)が言い得ないだろう。「平生業成」とは、平生における死を言うから。我見が死んで肉体が残る。そのほかに「平生業成」はない。次の法語はあきらかにこの間の消息を伝えるだろう。「この娑婆生死の五緼所成の肉身いまだやぶれずといへども、生死流転の本源をつなぐ自力の迷情、共発金剛心の一念にやぶれて、知識伝持の仏語に帰属するをこそ、『自力をすてて他力に帰する』ともなづけ、また『即得往生』ともならひはんべれ」(九四四)。「自愛の破壊とは、自愛を構成している二つの契機を結ぶ解き難き紐帯の裁断である。即ち、一方では実体的な有としての『自我』の表象、他方ではその『自我』のうちへ揚げられそれとの合一のうちに我意と化した自然的傾向性といふ二つのものの相入が解かれることである。それは恰も有機体の解体にも比すべきものであり、自愛的自己の死に外ならぬ」[10]は、鮮やかに我見・身見の死を語るであろう。つまり我執の断滅は、すべての存在するものの自己からの解放にほかならない。それは「解脱の光輪」（五五六）の開く光景、すべての存在するものが已がじし輝く世界である。物が物自身のもとにあるありのままのすがた、実相・如実相である。「一切群生蒙光照」「智慧の光明はかりなし　有量の諸相ことごとく　光暁かぶらぬものはなし　真実明に帰命せよ」（五五七）は、そういう自然法爾の世界を称える。既述のように「摂取心光」は、そのまま「破無明闇」の謂い。光が光であるかぎり、闇はない煩悩は翳をも宿さぬ。また、無明がすべての煩悩をそのもとに摂めるから、「破無明闇」はすべての煩悩の断滅と同義である。それだけにいよいよ前二句と後句との落差が考察に値するものとなろう。まず言えることは、全句が「摂取心光」によって統一されているということである。すなわち「仏智無辺にましませば　散乱放逸もすてられず」（六〇六）と称えられるように、散乱のなかにありながら仏智にある。そうでなければ、「真実信心天」「明無闇」が言われ得ない。つまり「偈」は、透明・清朗を讃じるのである。したがって「貪愛瞋憎之雲霧」は、清朗な統一のなかに開かれる分裂と言わねばならぬ。分裂は、無我の灰塵からよみがえった我執にほかならぬ。「いだかれてありとも知らずおろかにも我反抗す大いなるみ手に」[11]は、これを伝えるであろう。何故そういう分裂が開かれたのか。その理由は問えない。事実だから事実だ、としか言いようがない。ただ、身体がそれに本質的にかかわるとだけは言えるであろう。「念仏の衆生は横超の金剛心を窮むるがゆゑに、臨終一念の夕、大般涅槃を超証す」（二六四）「難思議往生」のめでたさも、分裂の止揚にある。「二益法門」の「二益」も、これがなければ考えられぬ。そこから言えば、我見の死にも残る身体は、創造的な意味をもつ。

「摂取心光常照護」における分裂・反逆であるから、我見を絶対否定の照射が貫いていることにいささかの変わりもない。絶対否定態における我見として、我見があるとも言えるしないとも言える。反逆も反逆を反逆と認めない慈悲のなかである。このようなかたちで、「貪愛瞋憎」も否定されてはじめてその全貌をあらわす。すなわち、「摂取心光」が「貪愛瞋憎」の認識根拠である。「まことに知んぬ、悲しきかな愚禿鸞、愛欲の広海に沈没し、名利の太山に迷惑して、定聚の数に入ることを喜ばず、真証の証に近づくことを快しまざることを、恥づべし傷むべし」（二六六）「あさましと思うこころは法の方　法に起されあさましの機を」[12]は、この間の消息を伝えるであろう。七里恒順の比喩を借れば、雲が懸っていても昼と夜は混っていない。「雲霧之下明無闇」は、反逆・分裂の止揚、落差の解消として名号の論理の脈動でなければならぬ。その点、「不断煩悩得涅槃」も何ら変わらぬ。「貪愛瞋憎」が創造的にとらえられて、名号の論理構造の内容、脈動の起点となる。煩悩がなければ、名号のリアリティーもない。「貪愛瞋憎」が情念を代表するならば、信心は感性・感覚の先端を汲みつくすと言わねければならぬ。「いそぎまゐりたきこころなきものを、ことにあはれみたまふなり」（八三七）も、このほかに考えられない。信心の具体性である。一般的に言えば、感情と一致しないような感情の説明のつかないような理論は間違っている。以上、「摂取心光常照護」から「雲霧之下明無闇」に至る句は、本質的に明るいということを言い、清朗な「真実信心天」を讃えるのである。

獲信見敬大慶喜
即横超截五悪趣
一切善悪凡夫人
聞信如来弘誓願
仏言広大勝解者

第一句「獲信見敬大慶喜」は、あきらかに『大経』の「法を聞きてよく忘れず、見て敬ひ得て大きに慶ばば、すなはちわが善き親友なり」（四七）を受ける。異訳の『平等覚経』（一、一〇〇）にも、同じような法語がある。この句も分節しないで一挙に読むべきだろう。「獲信見敬大慶喜」、一語一語が一つにつながり互顕する。ところで、「超日月光」の光徳によって感性的「見敬」でないことはあきらか。「見敬」は感性を超絶する。「人間」感性のなかに浄土真実を証明する場所はない。普通の意味で如来を見ることも声を聞くこともできない。だが、それで終わらないところを『偈』は讃じる。「諸仏如来に異の方便ましまして、なんぢをして見ることを得しむ」（九三）「世尊、われいま仏力によるがゆゑに無量寿仏および二菩薩を見たてまつることを得たり」（九八）「信心清浄なればすなはち仏を見たてまつる」（四八七）は、「見」を説いて句と内容を等しくする。

浄土教は「信」の宗教で「見」の宗教ではないと一応は言えるが、いかなる意味でも「見」を排除するものではない。「五正行」のなかに「観察」があるということは、「正定業」が「見」を含むことを意味するであろう。「世尊、われ一心に尽十方無礙光如来に帰命したてまつりて、安楽国に生ぜんと願ず。……かの世界の相を観ずるに、三界の道に勝過せり。究竟して虚空のごとく、広大にして辺際なし」（七祖、二九）は、まさに「見」である。「見敬」は「観察正行」。「大行・大信」には「見」と言えるところがある。「二経の三心、顕の義によれば異なり、彰の義によれば一なり」（三九六）の指南、つまり彰義から言えば『観経』も真実信を説く。本質的には信に観も含まれると言えるだろう。「摂取の光明にあひたてまつる時剋」（一二三五）は、光明のゆえに自覚的、「見」である。「見」は仏眼の開顕、「私」の眼ではない。見仏の目は仏に属する。正覚成就のあかしとしての「見」である。仏眼は主客の対立を絶する絶対の知見をいうから、そこには事実がどこまでも事実にかえされて、見る私も見られる仏もない。事実が事実を語る事実の自覚――それが「見」である。「諸法実相、諸法おのずから寂滅の相」とは、そういうことであると思う。「法性は寂滅なるがゆえに、法身は無相なり。無相のゆゑによく相ならざるはなし」（七祖、一四〇）に鑑みて、法性無相の示現がそのまま「見」と言わねばならない。「よく相ならざるはなし」は、一切時一切処における仏の示現を語る。その意味で真実信は、世界の自覚点である。「子の母をおもふがごとくにて　衆生仏を憶すれば　現前当来とほかならず　如来を拝見うたがはず」（五七七）「また弥陀仏の形像ををがみたてまつらば、『あは、はやわが往生は成就しにけり。十方衆生、往生成就せずは正覚取らじと誓ひたまひし法蔵薩埵の成正覚の御すがたなるゆゑに』とおもふべし」（一三八八）は、「見」における証を説く。同じことが「聞」についても言える。「その名号を聞きて信心歓喜せんこと、乃至一念せん」（四一）「また極楽といふ名をきかば、『あは、わが往生すべきところを成就したまひにけり。衆生往生せずは正覚取らじと誓ひたまひし法蔵比丘の成就したまへる極楽よ』とおもふべし」（一三八八）は、「聞」についてこの間の事情を語る。「見」と「聞」との統一を現して「見敬」「聞信」。「見敬」は、直截に「獲信」の内実である。名号の功徳は五念門・五果門を一つに集めるから、「見敬」も「聞信」も名号の現成にほかならぬ。なお、「源信章」の「不見」については当該の箇所で考えたい。

「大慶喜」は、端的に宗教的感情を顕す。いま『偈』から同じような表現を集めると、「歓喜光、喜愛心、歓喜地、慶喜一念」がある。また、「いま仏に値ひたてまつることを得、また無量寿仏の声を聞きたてまつりて、歓喜せざるものなし」（六〇）「たまたま浄信を獲ば……大慶喜心を得……」（二一一―二一二）「大慶喜心はすなはちこれ真実信心なり」（二五二）に徴するに、「大慶喜」が真実信心に本質的に属することはあきらかである。それは「歓喜光」の貫通として真実信心、「真心に値へば、かならず信・喜・悟の忍を獲」（四八八）「如来の他力のよきこころ」（一一〇六）そのものである。すなわち「獲信見敬大慶喜」は、諸仏現前三昧・普等三昧・仏立三昧・念仏三昧・般舟三昧と通底する。それゆえに「大慶喜」は、念仏行者の全体規定でなければならぬ。『歓喜』といふは、身心の悦予を形すの貌なり」（二五二）「身のおきどころもなく、をどりあがるほどにおもふあひだ、よろこびは身にもうれしさがあまりぬる……」（一〇八五）にも、宗教的感情の全体規定を読みとることができるであろう。それゆえに領解は、つねに慶喜を伴う。「このうへの称名は、御恩報謝と存じよろこびまうし候ふ。この御ことわり聴聞申しわけ候ふこと、御開山聖人御出世の御恩、次第相承の善知識のあさからざる御勧化の御恩と、有難く存じ候ふ」（一二二七）は、領解と慶喜・感謝の統一を語る。覚はよろこびである。「種々無量の法味の楽」（五四七）「甘露の想」（七祖、一八五）と讃じられるのも宜なるかなであろう。もし感情が理論を裏ぎるならば、そういう理論は基本的にまちがっている。一生を貫くような情熱がなければ、真の理論も実践も成立しないと思う。

「大慶喜」は人間的なものの彼岸であるから、いささかも人間的感情の混入を許さぬ。「南無阿弥陀仏をとなふれば　十方無量の諸仏は　百重千重囲繞して　よろこびまもりたまふなり」（五七六）に、感情の超越構造と世界性を読みとり得るであろう。諸仏の歓喜の大合唱は、世界性をあらわす。『阿弥陀経』「証誠段」もこのほかにはない。「大慶喜」は他力の現成である。逆に言えば、人間の力で悲哀・苦悩を歓喜・感謝に変えることはできぬ。したがって、いたずらに感傷的になり感情に陶酔するのは、邪道と言わなければならない。それは擬態にすぎぬ。称名・勤行は自然、花の咲くがごとし鳥の啼くがごとしである。以上、感性に宗教的真理の証があるともないとも言えぬ。あるいは、あるとも言えるしないとも言える。感性は絶対否定即肯定的に浄土真実を廻る。感性における否定即肯定とは、反対感情の共存にほかならない。共存は対立を超えた絶対の同一、光寿二無量の現れ方である。「慶ばしいかな」（四七三）「悲しきかな」（二六六）が反対感情を語るならば、「悲喜の涙」（四七三）はその動的統一・共存を伝える。宗教的感情は、反対感情の並存として動的・弁証法的と言わねばならぬ。感情の脱個人性のゆえに、「悲歎述懐讃」も広大無辺のひらけにおける悲しみ、親鸞は他人を責めるということを知らなかった。

「即横超截五悪趣」。この句は、「かならず〔迷ひの世界を〕超絶して去つることを得て安養国に往生して、横に五悪趣を截り、悪趣自然に閉ぢ、道に昇るに窮極なからん」（五四）を受ける。「即」は「即得往生」（一、二四）の「即」、「獲信」との同時性を現す。次に「横超」について、親鸞の教えを仰ぐ。「しかるに菩提心について二種あり。一つには竪、二つには横なり。……竪超・竪出は……歴劫迂回の菩提心、自力の金剛心、菩薩の大心なり。……横超とは、これすなはち願力回向の信楽、これを願作仏心といふ。願作仏心はすなはちこれ横の大菩提心なり。これを横超の金剛心と名づくるなり」（二四六）。これによって「横超」が、自力向上的・理想主義的あり方―「竪超・竪出」は向上的方向への超越―の断除をいうことはあきらか。いま、向上方向に神、下降方向に虚無を考えると、「横超の金剛心」は上下両方向の無化・突破を意味するであろう。「願力回向の信楽」は、理想主義と虚無主義、神と虚無の否定超克にほかならない。「横超」は、虚無と神からの離脱を含む。神からの離脱は、ニーチェの「神の死」を射程にとらえるであろう。神が影響力を失った虚無の世界をどう生きるか。その指針がここにあるかもしれない。

「五悪趣」は、地獄・餓鬼・畜生・人間・天上という五つの生存のあり方をいう。これから修羅を独立させると六道となる。『往生要集』は、これを「穢土」で一括りにする。五道・六道・穢土は、世界における衆生のあり方である。つまりあるに世界が現前、あり方の世界性と言える。衆生は世界においてある。「五悪趣」の切断としてそのなかの衆生、ことごとく切断される。「願力不思議の信心は　大菩提心なりければ天地にみてる悪鬼神　みなことごとくおそるなり」（五七五）「大死一番　乾坤新なり」も、切断の世界性を説き同じおもむきを伝える。「五悪趣」の切断と一つに自己の切断、自己の切断と一つに「五悪趣」の切断と言わねばならぬ。すぐれた宗教人には、生が真二つに裁断されるという瞬間がかならずある。「断といふは、往相の一心を発起するがゆゑに、生としてまさに受くべき生なし。趣としてまた到るべき趣なし。すでに六趣・四生、因亡し果滅す。ゆゑにすなはち頓に三有の生死を断絶す。ゆゑに断といふなり。四流とはすなはち四暴流なり。また生老病死なり」（二五五）。「ながく生死をすてはてて」（五九二）。「ながく生死をへだてける」（五九二）。以上からも、「断」の世界性を読みとることができる。切断の世界性が欠落すれば、『偈』の個人的理解となろう。逆に、個の欠落は『偈』の抽象的理解となる。いずれも表象の立場を脱しない。

「超截五悪趣」は、「自己」において起こる何かでないことはあきらか。もし「自己」における出来事であれば、「超截」も自己同一のなかにおける反転にすぎぬ。そのなかで絶望が希望に悲観が楽観に変わるかもしれぬ。しかし、それはすりかえごまかしである。そこから創造的な何ものも出て来ない。刀が刀自身を切れないように、「自己」は自己を切ることができぬ。業は業を切ることができぬ。切断は、どこまでも自己でないところへかえされなければならない。切断は絶対に他なる方向から起こる。「利剣はすなはちこれ弥陀の名なり」（七祖、七二二）「一声称念の利剣を揮ひて、たちまちに無明果業の苦因を截り」（一〇七〇）とあるように、切断は名号から起こる。それゆえに切断において自己に残る何ものもない。だが、何の用事もないと知るのが大仕事、願力のしからしめるところと言わねばならぬ。

「貪瞋・邪偽おほきゆゑ　奸詐ももはし身にみてり」（六一七）は、全身心の無明・我執による束縛を説く。「超截」は、身心のそれからの解放、「身心柔軟」（二二）「凡身をすてて仏身を証する」（一一三三）にほかならぬ。「超截」ゆえに念仏は、「身心」から規定・制約されない。「身心」を脱する宗教的生は、まさにそれゆえに髭や歯が生えるようにいつとはなしに始まるのではない。「一切の業繋ものぞこりぬ」（五五七）「三塗の黒闇ひらく」（五五八）「すなはち穢身すてはて　法性常楽証せしむ」（五九一）と讃じられるように、宗教的生は迷いの生の転換に始まるのである。

「即横超截五悪趣」が「獲信見敬大慶喜」と一つに偈頌される。句は身心全体が名号において否定即肯定をめぐる、あるいは絶対否定即絶対肯定が名号に摂まることを讃じる。「地獄一定」（八三三）「無眼人無耳人」（五七二）「『悪獣』とは、六根・六識・六塵・五陰・四大なり」（五三六）は否定の内実を現す。身不可得・心不可得、実体的な身体も霊魂もないわけである。「目にその色を観、耳にその音を聞き、鼻にその香を知り、舌にその味はひを嘗め、身にその光を触れ、心に法をもつて縁ずるに、一切みな甚深の法忍を得て不退転に住す」（三三一―三四）「耳目開明」（五九）は、肯定を語る。絶対肯定において六根・理性・感性が宗教的真実証明の場となる。「即」は仏と衆生を何よりも鋭く分けるとともに、何よりも親しく結びつける場にほかならぬ。ところで、場そのものは断と不断を離れる。

「超截五悪趣」には、個を含んでそのなかから個が破れることにほかならぬ。ところで、西洋近代の主体性は個の立場に立つ。したがって、切断は主体性を通して主体性の底を抜くことを意味する。「主観―客観―関係」が主体性に収斂するかぎり、切断は関係の無根拠性をあらわにするであろう。科学もその関係の場で成立するから、切断において科学的真理がその真理のままリアリティーを失う。科学も迷いと言わねばならぬ。また、時間・空間も自我にその根拠をもち自我表象と一つに成立するかぎり、自我の脱落とともに時間も空間も消える。時間・空間も表象にすぎぬ。われありものありも妄想にすぎない。「我法二空」と説かれるゆえんである。要するに、「即横超絶五悪趣」は自己と三界（欲界・色界・無色界）の限界線の自覚・超克、「勝過三界道[15]」「界外無漏界」の現成にほかならぬ。

「一切善悪凡夫人」。「一切善悪」は「凡夫人」にかかる。善凡夫・悪凡夫。句は善悪すべての人間を凡夫の視圏に摂める。本願に直面するとき、善人・悪人という相対的区別は意味を失う。視圏は、善悪の問題にかかわる道徳・倫理を否定の照射におく。「国土人天之善悪」の願意が、ここに貫流。善悪の基準は、如来にある。「善男子、なんぢがごときは善人なり。三世の諸仏の教に随順するがゆえに……」（一一一二）「如来の御こころに善しとおぼしめすほどにしりとほしたらばこそ、善きをしりたるにてもあらめ、如来の悪しとおぼしめすほどにしりとほしたらばこそ悪しさをしりたるにてもあらめ」（八五三）。

「聞信如来弘誓願」。『聞』といふは、衆生、仏願の生起本末を聞きて疑心あることなし」（二五一）に鑑みるに、「聞」と「信」は分けられぬ。わかって聞くのではない。「聞」から「信」が開ける。その意味で「聞」が「信」に先立つ。「ただ仏法は聴聞にきはまることなり」（一二九二）。また、呼び声が届いて「聞」であるから、声が「聞」に先立つ、時間的にではなく本質的に先立つ。したがって、「聞信」とは「如来弘誓願」「重誓名声聞十方」の現実化である。「信は願より生ずれば」（五九二）とあるように、「聞信」は、徹頭徹尾、本願名号によって規定される。ところで、名号は時空を超絶、文字・音声を超えるところから現成、単に文字でもなければ声でもない。声なき声、文字なき文字である。「隻手の声」[13]「為ニレ衆ノ説キ下フ三法ノ無キヿヲ二名字ニ一」（一、二六八）。呼び声は内にも外にも自己から超絶、自己の内からも外からも聞こえぬ。「仁義までの風情」（一一七四）「あるいは名聞、あるいはひとなみ」（一一七七）「人目ばかり」（一二一三）「ただ人目ばかりの御心中」（一二一六）とあるように、聴聞は世間から規定されない。普通の意味で、読むことも聞くこともできぬ。

「仏言広大勝解者　是人名分陀利華」。「仏言」。釈迦如来の「言」、同時に阿弥陀如来の「言」である。「言」は、「名」「班宣」「説」「告命」と同義。『御文章』に「阿弥陀如来の仰せられけるやうは……」（一一八一）とある。言うは言葉の動くすがた、声、である。言葉の根源的な現れ方、言葉は言うから理解されなければならないであろう。南無阿弥陀仏は、声としての阿弥陀仏の示現にほかならない。「無量の妙法の音声を演出する」(三三)「十方世界の音声のなかに、もつとも第一とす」(三四)も、いまの称名と別ではない。全く音のない世界には耐えられぬことを勘案すると、「如来微妙声　梵響聞十方……荘厳口業功徳成就」(七祖、八三)は、深い意味があろう。『小経』によれば、「光寿二無量のゆえに阿弥陀と号する」(一二三—一二四、取意)。光明無量は阿弥陀の用、はたらくすがたである。さて、「無量寿仏の光明は顕赫にして、十方諸仏の国土を照耀したまふに、聞えざることなし」(三〇)「その光、化して百宝色の鳥となる。〔その声〕和鳴哀雅にして、つねに仏を念じ、法を念じ、僧を念ずることを讃ふ」(九七)「信を発して称名すれば、光摂護したまふ」(四八六)に鑑みるに、光が声、光が説法する。信も称名も光、光明は名号、名号は光明、「光明名号」である。光寿二無量のゆえに『大経』会座が、時処を超えていつでもどこでも開かれていると言える。親鸞が会座に同参、弥勒・阿難の聞いたその名号を聞いている。さて、光は明るいから明るい。何故明るいかと問う必要がない。光は自照・自証である。つまり「仏言」はそれが発せられたということだけで真実、言葉そのものが真理証明といわなければならぬ。そこに「受決」(四五)「広長の舌相」(一一五)が成立する。ところで「神光の離相をとかざれば　無称光仏となづけたり　因光成仏のひかりをば　諸仏の嘆ずるところなり」(五五九)に鑑みるに、説くは説けないと一つに成立する。

既述のように、声が聞に先立つ。それゆえに「説聴の方軌」(七祖、一八五)は、名号に統べられ名号のことわりの現成にほかならない。名号において説くが、そのまま聞くとなる。ゆえに言うのほかに聞くはなく、聞くのほかに言うはない。「仏言」が、そのまま「広大勝解者」となるわけである。

さて、当該の前句はわかるとはどういうことか、後句は真の人間とは何かという考察へいざなうであろう。ところで、「勝解者」「分陀利華」ともにほめ言葉である。前述の如く、説法がそのまま聞法にほかならないから、聞法が人を育てる。かならずしも学校教育が、真人を育てるのではない。

「わが名字を聞きて、五体を地に投げて、稽首作礼し、歓喜信楽して、菩薩の行を修せんに……」（二二）は、名号のとどくすがた、名号が行信・実存になることを説く。名号のことわりの開示――それが〝わかる〟、「広大勝解者」である。すなわち体でわかる、六根・三業四威儀が真理証明の場となる。親鸞は「諸根悦予し、姿色清浄にして光顔巍々とまします」（八）に「真実の教を顕す明証」（一三八）を見た。すなわち、行信が真理証明の場にほかならぬ。「一心これを如実修行相応と名づく。すなはちこれ正教なり、これ正義なり、これ正行なり、これ正解なり、これ正業なり。これ正智なり」（二五三）は、この間の消息を伝える。また、「行往坐臥に称名念仏すべし」（一一四九）も、そこを指示するであろう。以上、「勝解」が身体を含むことは、疑いの余地がない。

「智慧の念仏」（六〇五）「信心の智慧」（六〇六）「信知」（一一四九）は、「知」との統一における「信」を語る。「この人の信心、聞よりして生じて、思より生ぜず。このゆゑに名づけて信不具足とす」（二三七）を、裏から読むと、真実信心には思考が本質的に属する。すなわち「あらゆる衆生、その名号を聞きて信心歓喜せんこと乃至一念せん」（四一）は、如来の正覚が「あらゆる衆生」において開けたすがた、「あらゆる衆生」が正覚を成就せしめられたすがたと言わねばならぬ。「機法一体」における「機」は「法」の自覚点、「仏凡一体」における「凡」は「仏」の正覚にほかならぬ。「信心の得不得おば、おの〳〵わが心にてしりぬべし」（四、一六五）は、「機」における自覚を説く。真宗は信の宗教と言われるが、同時に覚のそれである。すべての仏教宗派の目ざすところは覚、何らかのかたちで世尊の正覚と結びつかぬものは仏教ではない。「願楽覚知の心」（二三〇）「覚知成興の心」（四九〇）「解脱知見」（一一五）は、「覚」にほかならぬ。正覚を受けるすがたが「勝解」であるから、「勝解」がなければ正覚も観念・表象にとどまる。それが「十劫安心、十劫秘事」（一

二一六、取意）となる。以上、安心は弥陀の正覚にある、そしてそのほかにない。

さて、およそ宗教において考えるとはどういうことか。宗教的思考とは何か。「近―現」代人は、科学・技術の進歩、そしてそれが市場原理に組みこまれて生活が豊かに快適になるところに希望と祝福を見出して来た。そういう知識と教養が、人間の価値基準となった。これを受けて「近―現」代人は、存在するものが人間にとって何の役に立つかという視点、技術的思考しか知らない。功利主義が全世界を支配しているのである。ところで、科学的思考はすべてを量化する。量化とは広い意味での計算である。質の問題は、科学には入って来ない。人間の知の無限の可能性への信頼――その上に現代文明・文化が立つ。実証主義の絶対化と言える。実証主義の絶対化は、世界観的には唯物論―魂の不死もなければ神もないあるのは物質のみ―となる。科学・技術なしにいまの生活が考えられないことは否定できない事実であるけれども、進歩成長信仰の行く手に暗雲が垂れ込めている。識者は、現代が過去に例のない崖っぷちに立つていることを指摘している。たとえばこのまま地球温暖化がつづけば、今世紀末には人類の生存すら危なくなると言われる。たしかに実証主義の形而上学化は、人間のいちばん高貴なところを腐らせると思う。まさに「見濁」（一一八）にほかならぬ。「宗教なしに思弁や実践をもとうとするのは、……神々への敵対関係である」[14]。

智慧は、知識とは異質的である。知識をどれほど積み重ねても智慧にならない。仏智は計算できぬ。「かの仏の初会の声聞衆の数、称計すべからず」（三一）「これ算数のよくこれを知るところにあらず」（一一四）。それゆえに真の意味で生きるということいちばん大事なことが、科学ではわからない。科学は、大事な問いに精神の問いに何一つ答えられない。人生は、深い闇・無知によって覆われていると言わねばなるまい。「如来の至心をもつて、諸有の一切煩悩悪業邪智の群生海に回施したまへり」（二三一）。「如来誓願の薬はよく智愚の毒を滅するなり」（二四六）。「衆生有礙のさとりにて　無礙の仏智をうたがへば　曾婆羅頻陀羅地獄にて多劫衆苦にしづむなり」（五七三）。「しかるに念仏よりほかに往生のみちをも存知し、また法文等をもしりたるらんと、こころにくくおぼしめしておはしましてはんべらんは、おほきなるあやまりなり。もししからば、南都北嶺にもゆゆしき学生たちおほく座らせられて候ふなれば、かのひとにもあひたてまつりて、往生の要よくよくきかるべきなり」（八三二）。「それ、八万の法蔵をしるといふとも、後世をしらざる人を愚者とす」（一一九〇）。「さればいかに十劫正覚のはじめよりわれらが往生を定めたまへることをしりたりといふとも、われらが往生すべき他力の信心のいはれをよくしらずは、極楽には往生すべからざるなり」（一一二六）。これらの聖語から人間知への否定が響く。科学知も「邪智」に包摂される。「仏智」に対するとき、知るも知らぬも意味を失う。

ここに「勝解」が、いよいよ考察に値するものとなろう。ともかく親鸞・蓮如の教誡によって、理解の自己同一性が破られることは間違いない。わかるということがそのなかからわからないを開いて来る。「理解と理解とは同一ではない」[15]。人間知が「無知」に覆われるかぎり、「勝解」は人間知から絶対の深淵を介すると言わねばならない。「仏智」は、人間知から「こころもことばもたえた」（五六三）深淵によって分けられている。それゆえに「仏智」は、一方的に上昇するのではなく、一歩退くという性格をもつ。

「真智は無知なり」（七祖、一四〇）。曇鸞は、知の二重構造・二義の一義透明を説く。「心得たと思ふは心得ぬなり。心得ぬと思ふは心得たるなり」（一三〇〇）も、この間の消息を伝えるであろう。「後世をしらざる人を愚者とす」（一一九二）と貶した蓮如は、「後世をしるを智者とす」（一一九二）と褒めた。「まづわが身は十悪・五逆、五障・三従のいたづらものなりとふかくおもひつめて、そのうへにおもふべきやうは、かかるあさましき機を本とたすけたまへる弥陀如来の不思議の本願力なりとふかく信じたてまつりて」（一一二二）に、思考における切断を読みとることができる。すなわち理解の自己同一を破る切断線が、無知から真智へ大疑から大信への転換軸となる。無知が創造的な意味をもつ。「仏光測量なきゆえに　難思光仏となづけたり」（五五八）は、これを讃じるであろう。思考が灰塵からよみがえり、言葉が新しくなると言える。すなわち、無知は科学的知とともに観念的教学への絶対否定の照射、その虚無性があらわになる場所にほかならない。

「即横超絶五悪趣」は、自己存在全体の切断であった。この切断線は、かたく保持されなければならぬ。切断は、「南無不可思議光」の現成、「難思議を帰命せよ」（五五七）にほかならないから。それゆえに絶対否定の灰塵からよみがえる思考は、名号の自覚展開・「五劫思惟」の現実化と言わねばならぬ。「思案の頂上と申すべきは、弥陀如来の五劫思惟の本願にすぎたることはなし。この御思案の道理に同心せば、仏に成るべし。同心とて別になし、機法一体の道理なり」（一三一一）は、いわば南無阿弥陀仏が考えるということである。「一体」における弥陀と自己のゆえに、自己がなければ弥陀の正覚はなく、弥陀がなければ自己の正覚もない。そういう超越の場で、この世の枠を超えて三世が信じられる。「智慧あきらかに、八方上下、去来今の事を見そなはして究暢せざることなし」（五九）。そういう思考は科学的・技術的考え方から隔絶するだけでなく、デカルトの「われ考える」、それを受けたカントの「先験的統覚」(die transzendentale Apperzeption)を踏み破る。したがって、西洋近代の思考がそのまま『偈』の解釈にもちこまれてはならない。『偈』はそういう思考に入って来ない。『偈』は『偈』から理解されなければならない。思考は、人間的なものの絶対の他によって規定され「身心脱落」と一つに成立する。そこにはからいが取られるということがある。そのかぎり、全く新しい思考・本質的思考である。「南無不可思議光」は、はからいの断除と本質的思考の誕生にほかならぬ。「往生はともかくも凡夫のはからひにてすべきことにても候はず。めでたき智者もはからふべきことにも候はず」（七四二－七四三）。「かるがゆゑに、如来の誓願を信じて一念の疑心なきときは、いかに地獄へおちんとおもふとも、弥陀如来の摂取の光明に摂め取られまゐらせたらん身は、わがはからひにて地獄へもおちずして極楽にまゐるべき身なるがゆゑなり」（一一一五）は、はからいの脱落を説く。脱落から「念仏は、まことに浄土に生るるたねにてやはんべらん、また地獄におつべき業にてやはんべるらん。総じてもつて存知せざるなり」（八三二）、の発言がある。親鸞は「弥陀の本願、釈尊、善導、法然」とつらなる伝承につき、そこに「私」は毛頭入っていない。それゆえに「念仏をとりて信じたてまつらんとも、またすてんとも、面々の御はからひなり」（八三三）と、問う人を突っ放した。伝承につらなる自信と言わねばならぬ。はからいの断除は、「勝解」が個人的・主観的でないことを意味する。その枠を出た広さは、「唯仏与仏」（五八〇）「仏ト仏ト相念ジ下ヘリ」（一四）と言われる。三世十方の諸仏が名号のことわりを証明し合うわけである。「安養浄土の荘厳は　唯仏与仏の知見なり」（五八〇）に鑑みると、知が存在、存在が知と言わねばならぬ。つまり現実の自覚が「勝解」、それが言葉にもたらされて「領解出言」となる。そこに思考が「主観―客観―関係」―人間の知がその関係において成立するかぎり、観念表象にすぎない―を脱して実在との統一を回復する。

　以上あきらかなように、名号において思考が否定即肯定をめぐる。そういうかたちで名号が感性・理性を貫通する。カントにおいて闇のなかに放置された認識の二つの幹（感性と悟性）の共通の根が、否定即肯定的によみがえると言ってもよい。名号における思考であるかぎり、それは意識に現象する絶対にほかならぬ。意識を超えるところからもう一度意識にもどるわけである。宗教的意識は、意識を超えるものと一つに成立、その意味で自覚的であると言える。意識の明証性（Evidenz）は、正覚から来る。「この心のおこりたる事は、わが身にしるべし、人はしるべからず」（四、六三九）「たのむ一念のとき、往生一定御たすけ治定と存じ、このうへの称名は、御恩報謝と存じ」（一二二七）にこの間の事情を読みとることができるであろう。それゆえに意識とは何かという問いは、人間意識の立場から正当に立てられないし、まして答えられぬ。意識を超えるところを含んで本当に立てられる問いだから。よみがえった思考は、積極的・創造的な意味をもつ。創造的思考は「権」（七祖、一四七）、無分別の分別 分別の無分別と言われる。そういう思考はよい意味での真理の独断。それがなければ何も始められない。信心には明晰・洞見ということが、本質的に属するのである。真宗学も宗教哲学もそういう思考に定礎される。

「是人名分陀利華」。前句「広大勝解者」をうけて「分陀利華」は、「仏言」によって規定される人をいう。「三にはもしよく相続して念仏するものは、この人はなはだ希有なりとなす。さらに物としてもってこれに方ぶべきなし。ゆゑに分陀利を引きて喩へとなることを明かす。『分陀利』といふは、人中の好華と名づけ、また希有華と名づけ、また人中の上上華と名づけ、また人中の妙好華と名づく。この華相伝して蔡華と名づくるこれなり。もし念仏するものは、すなはちこれ人中の好人なり、人中の妙好人なり、人中の上上人なり、人中の希有人なり、人中の最勝人なり」（七祖、四九九－五〇〇）。「この信は最勝希有人なり、この信は妙好上上人なり」（五五〇）。「真宗念仏ききえつつ　一念無疑なるをこそ　希有最勝人とほめ　正念をうとはさだめたれ」（五九二）。「本願一実の他力信心にもとづかんひとは、真実に聖人の御意にあひかなふべし」（一一五一）。以上あきらかなように名号が信、信が人となる。その同一を人でおさえて、「分陀利華」となる。すなわち「分陀利華」は、「阿弥陀仏の御名をきき　歓喜讃仰せしむれば　功徳の宝を具足して　一念大利無上なり」（五六一）「弥陀智願の回向の　信楽まことにうるひとは　摂取不捨の利益ゆゑ　等正覚にいたるなり」（六〇四）とあるように、名号の功徳における嘉誉の名である。嘉誉の内容を開いて「染香人」（五七七）「如来とひとし」（七九四）「弥勒におなじ位」（七五八）と言われる。名号が人になるところに、人が仏にまで引き上げられるということがある。「値遇」（一八四）にはそういう意味がある。

「もし念仏するものは、まさに知るべし、……観世音菩薩・大勢至菩菩薩、その勝友となる。まさに道場に座し諸仏の家に生ずべし」（一一七）。「諸仏の護念まことに疑なし、十方同じく称讃し悦可す」（四八六）。「他力の信心うるひとを　うやまひおほきによろこべば　すなわちわが親友ぞと　教主世尊はほめたまふ」（六一〇）。以上の聖語に鑑みるに、「分陀利華」には集合が本質的に属する。「かくのごときの諸上善人とともに一処に会することを得ればなり」（一二四）は、往生における集合の全面的な実現を説く。「於テ二諸ノ衆生ニ一常ニ楽フ二愛敬ヲ一猶如シ二親属ノ一……於テ二諸ノ有情ニ一常ニ懐キテ二慈忍ノ心ヲ一、不二詐諂セ一」（一、一九五）は、集合が慈悲の場であることを教えるであろう。また、「他心悉知の願」（一六）「作礼致敬の願」（二二）によって、集合が相互理解・相互礼拝の場であることを知る。相互理解・相互礼拝は、互いに中心をもち合う交換し合うことにほかならない。すなわち集合は、本願力に基づく回互関係である。ところで、「心中閉塞して意開解せず」（七〇）という根本的な閉鎖性へは何ものも届かぬ。名号のみがそれを切開する。閉合は孤独にほかならないから、仏の言葉によってのみ孤独から救い出される。「分陀利華」は、底なく開かれた場から立ち現れる。尽十方無礙光如来が「分陀利華」の住む場所、そこに「分陀利華」の脱自・超越構造が言われなければならない。「人天に超えん。人天に超過せん」（二一）は超越構造を、「自然虚無の身、無極の体」（三七）は脱自構造を語るであろう。「非人天」（五六〇）は、「分陀利華」が人間の絶対否定に成立のもとをもつことを教える。「分陀利華」は「如来浄華衆」（六二八）と通底する。

理性的存在者、言葉をもつ動物、社会的動物、その他何であれ、そういう人間の定義は周囲をまわるのみで本質に的中しない。人間は万物の霊長でもなければ、地球の主人公でもない。人間はすべての存在するものの一つにすぎぬ。ところで「分陀利華」が「平等覚、平等力」（五五六）から現成するかぎり、それは人間の優越性を剥奪するだろう。人間が人間自身にとってどうしようもない一個の問題に化している今日、「広大勝解者　分陀利華」は、闇夜を照らす不滅の灯火と言わねばならない。

弥陀仏本願念仏
邪見憍慢悪衆生
信楽受持甚以難
難中之難無過斯

以上で、「依経段」は終わる。偈句、『大経』の「もしこの経を聞きて信楽受持することは、難のなかの難、これにすぎたる難はなけん」（八二）「憍慢と弊と懈怠とは、もつてこの法を信ずること難し」（四六）を受けることはあきらかである。また、同経に「如来、無蓋の大悲をもつて三界を矜哀したまふ。……無量億劫にも値ひがたく見たてまつりがたきこと、なほ霊瑞華の、時ありて、時にいまし出づるがごとし……」（九）『平等覚経』に「若シハ有リテ二沙門若シハ師一、為ニレ人ノ説ク二仏経ヲ一者ニモ、甚ダ難シレ得レ値フヿヲ」（一、一三二）『小経』に「難信の法」（一二八）とある。なお、『往生要集』に「一たび仏の名を聞くことを得ることは、優曇華よりもすぎたり。ゆゑにわれきはめて値遇しがたきものを帰命し礼したてまつる。……一百倶胝の界には、二尊並び出でたまはず。ゆゑにわれ、希有の大法王を帰命し礼したてまつる」（七祖、八九九）と説かれ、「行文類」（一八五）にそのまま引用されている。「信文類」の「世間難信の捷径」（二一一）「世間甚難信」（二四八）、『入出二門偈』の「真宗に遭ひがたし、信を得ること難し。難のなかの難。これにすぎたるはなし」（五五〇）にも難信の伝承が貫流する。さらに、「善知識にあふことも　をしふることもまたかたし　よくきくこともかたければ　信ずることもなほかたし」（五六八）「一代諸教の信よりも　弘願の信楽なほかたし　難中之難とときたまひ　無過此難とのべたまふ」（五六八）「十方恒沙の諸仏は　極難信ののりをとき　五濁悪世のためにとて　証誠護念せしめたり」（五七一）「真の知識にあふことは　かたきがなかになほかたし」（五九七）「信心の正因うることはかたきがなかになほかたし」（六〇八）は、それぞれ『偈』のこころを謳う。経釈の伝統は重い、動かせない視座である。それだけに結びの二句をどう解釈するか、きわめて難しい。先哲もこれにずいぶん苦労したように見える。

「難中之難無過斯」は、いささかの掛け値もなく受けられなければならない。「この義すでに証を請ひて定めをはりぬ。一句一字加減すべからず。写さんと欲するものは、もつぱら経法のごとくすべし、知るべし」（七祖、五〇四）「あるいは経法を抄写するに、文字を洗脱し、あるいは他の法を損壊し、あるいは他の経を閣蔵す。この業縁によりて、いま盲の報を得たり」（七祖、一一七六―一一七七）という善導・源信の指南は、そのまま『偈』の解釈に当てはまる。

第三句と結句は、第二句を受ける。何ゆえに難しいのか、「邪見憍慢」だからというのである。ゆえに第二句の究明が、結句の理解につながる。「一切の悪行は邪見なり。一切悪行の因無量なりといへども、もし邪見を説けばすなはちすでに摂尽しぬ」（四〇六）「背正帰邪まさるゆゑ　横にあだをぞおこしける」（六〇二）は、諸悪の根源を邪見につきつめる。邪見は無知・無明と同義である。

「悪衆生」も普遍的な類でなく、自己と解すべきだろう。自己のほかに「悪衆生」はない。自己は、「邪見」においてあり「邪見」を核に結ばれる。自己はあくまでも自己だという自己主張は、「邪見」の現れにほかならぬ。その一点を自己は離そうとはしない。離せば自己は自己でなくなる。そこは死守されなければならない。「人の執心、自力のしんは、よくよく思慮あるべし」（八一六）には、そういう深い闇を見通す眼光があろう。つまり自我の構造そのものに、「憍慢」が組みこまれている。そこを「邪見憍慢」と取り出したのは、さすがに天才の炯眼であろう。「一念の妄心によりて、生死の界に入りにしよりこのかた、無明の病に盲ひられて、久しく本覚の道を忘れたり」（七祖、一〇四九）「一切のもろもろの衆生の、無始の幻の無明は、みなもろもろの如来の円覚の心より建立せり」（七祖、一〇四八）は、「邪見憍慢」の超越構造を説く。それゆえに「邪見憍慢」は、真如との関係の場で生起したと言わざるを得ない。つまり「邪見憍慢」は、時にその根拠をもたぬ。誕生がその原因ではない。真如と関係するかぎり「邪見憍慢」は、反逆意志である。自己存在の根源は反逆意志。自己は如来に対し絶対背反的存在である。これを受けて「邪見憍慢」は、「謗法・闡提」（四八六）の謂い。「五濁増のときいたり　疑謗のともがらおほくして　道俗ともにあひきらひ　修するをみてはあだをなす」（五九二）に、この間の消息を看取し得よう。「尊貴自大にしておのれに道ありと謂ひ、横に威勢を行じて人を侵易し、みづから知ることあたはず。悪をなして恥づることなし。みづから強健なるをもつて、人の敬難せんことを欲へり」（六七）は、「尊貴自大」が「尊貴自大」を知らないことを説く。「邪見憍慢」は「邪見憍慢」を知らぬ。それを「邪見憍慢」という。顛倒のなかにあるかぎり、顛倒は顛倒を知ることができぬ。「無慚無愧にてはてぞせん」（六一八）は、これを語るであろう。

「邪見驕慢」は根源的な自己統一である。あらゆる身体感覚も心理現象もこの統一のなかで自我表象に撥ねかえり再把握される。それによって自己が対象化され、自我像が結ばれる。自我像はさだかなかたちを結ばず、浮動つねならぬ。そういう自己統一において仏も現前、仏も対象化されるわけである。その意味で自己の対象化と仏のそれは、同じところから由来すると言える。それは自己が自己に映ること、自己の二重化である。自己意識は、そういう構造を示す。自己意識を鏡に例えると、映す鏡も映る像も自己なのである。ゆえに自己は本質的に自惚れという構造をもつ。自己による自己の確認として、自己は自己肯定しか知らぬ。いま述べたように「邪見憍慢」は、無自覚性のなかに隠れ、無明の闇にくるまっている。人間は「邪見憍慢」を知ること、まして〝捨てる〟ことはできぬ。「邪見憍慢」は、絶対に動かぬ巨巌のごとくである。〝捨てる〟を信順と呼べば、信順は人間のなかにはない。信順の拒否は、キルケゴールの言葉を借れば「罪の宥しについて絶望する罪（躓き）[16]」であろう。すなわち「邪見憍慢」の構造そのものが、「信楽受持」へと開く自由を閉ざす。人間は本願に信順する自由をもたぬ。信順が自己から起こらぬゆえに、「無根の信」（二八六）と言われる。「信楽受持」と「邪見憍慢」の〝間〟には、絶対の深淵が開かれ架橋する何ものもない。思弁であれ実践であれ、そこへは絶対に届かぬ。然り、人間的な意味では〝間〟は何ものによっても架橋されない。「長く無明の海に没して、木に遇ふこと永く縁なし」（七祖、七一六）は、この間の消息を伝えるであろう。つまり「難中之難無過斯」は、理解も解釈も絶する。句において人間知性は、絶対に異質的なるものに直面するわけである。自己存在の閉鎖性は、かくも根源的と言わなければならない。

「しかるに常没の凡愚、流転の群生、無上妙果の成じがたきにあらず、真実の信楽まことに獲ること難し。なにをもつてのゆゑに、いまし如来の加威力によるがゆゑなり、博く大悲広慧の力によるがゆゑなり」（二一一）。釈意を要約すると、親鸞は他力だから獲信が難しいと言う。ところで「如来の加威力」「大悲広慧の力」は、絶対的視圏の開顕である。その視圏において相対的難易は意味を失うであろう。釈によって「難中之難無過斯」は、絶対知の自覚でなければならぬ。すなわち「真実信心うることは　末法濁世にまれなりと　恒沙の諸仏の証誠に　えがたきほどをあらはせり」（六〇八）とあるように、諸仏の証誠における「極難信」（五七二）である。「清浄の心なし……真実の信なし」（二三一）「清浄の信楽なし、真実の信楽なし」（二三五）「真実の回向心なし、清浄の回向心なし」（二四二）は、難の方向につきぬける局面を伝える。翻って、「凡小修し易き真教、愚鈍行き易き捷径なり」（一三一）「あら、こころえやすの安心や、また、あら、往きやすの浄土や」（一一一九）は、易の面を語る。両局面は、絶対に一つなるものを二つに開いたにすぎぬ。「往き易くして人なし」（五四）は、両面を一挙にとらえていると思う。つまり絶対的視圏は、難と易を両方向に突破して一つなるところ、両面の相互否定の相互肯定という動的構造をもつ。

「たとえば、鴆鳥の水にいれば魚蚌ことごとく死し、犀牛これに触るれば死せるものみな活るがごとし。かくのごとく生ずべからずして生ず。ゆゑに奇とすべし」（七祖、七七）「たとへば千歳の闇室に光もしくも至れば、すなはち明朗なるがごとし。闇あに室にあること千歳なるをもつて、去らずといふことを得べけんや」（七祖、二二三—二二四）から、死から生へ闇から光への転成として両面の力動的同一が聞こえる。既引用「信文類」の光被によって、それが本願力によることはあきらかであろう。「難中之難無過斯」は自力のはからいによる「信楽受持」の不可能とともに、他力にかえされて「易中の易」を語る。名号のことわりは、「難中の難」と「易中の易」をそのもとに摂める。「難中之難無過斯」は、絶対の逆説と言わねばならぬ。「その国逆違せず、自然の牽くところなり」（五四）「信は願より生ずれば　念仏成仏自然なり」（五九二）の光沢により、「信楽受持」は自然と言わなければならぬ。以上、偈句すべて自然の二字に摂まる。「弥陀仏本願念仏」の初句が、全句に響き渡る。

印度西天之論家
中夏日域之高僧
顕大聖興世正意
明如来本誓応機

この四句をもって、宗教的真実の歴史的展開として「依釈段」が始まる。「印度西天之論家　中夏日域之高僧」。龍樹・天親・曇鸞・道綽・善導・源信・源空（法然）、いずれも印度・中国・日本に輩出した宗教的天才である。釈尊に源流する東洋の叡知は、巨星たちによって大きなうねりを重ねつつ伝承された。「顕大聖興世正意」は、仏陀世尊における伝承、つまり法灯を継ぐ場を語る。「一器瀉瓶」「一器水瀉一器」「瀉瓶相承」とあるように、師から弟子へ仏法を伝える場合、あたかも一つの器の水を他の器に瀉ぐように一滴も洩らされてはならない。法灯を継ぐ厳しさと言わねばならぬ。ところで「如来所以興出世　唯説弥陀本願海」によってあきらかなように、釈尊における伝承は名号における伝承。釈迦の正意・本願名号が伝承の真理証明となる。このように絶対における伝承であるから、展開は普通の意味における進歩ではない。そこでは進歩もなければ退歩もない。

「悲願は……。なほ大地のごとし、三世十方一切如来出生するがゆゑに」（二〇〇―二〇一）の釈のように、高僧はことごとく名号から現れて名号に―「本土に」（五九三）―還った。高僧の全体が名号に摂まる。なるほど仏道修行は高僧の歩みに違いないが、歩みがそのまま名号の論理の自覚・現実化である。修行の完成は、弥陀の誓願成就以外の何ものでもない。いま述べたように、「依釈段」は名号のことわりの歴史的展開である。歴史は時における出来事であるから、展開・相承には時というものが入る。ゆえに高僧には二面がある。一は宗教的真理の自覚、二はその歴史的伝承。両面を受けて「論家・高僧」は、どこまでも名号においてあるとともにどこまでも歴史においてある。歴史の意味もそこから考えられる。名号なしに歴史的展開はなく、歴史的展開なしに名号はない。およそ歴史における証明をもたぬものは真実ではない。「依経段」と「依釈段」は互顕する。だが、実証史学は永遠という視点を見失っているから、歴史の意味は史学には閉ざされているると言えるであろう。ところで『偈』は綺羅星のように輝く天才を挙示するが、宗教的真実は無数の名もなき先達によって伝承されたことが忘れられてはならない。名号は永遠不滅。しかし、それを説く人を通さねば聞くことができぬ。彼らがなければ「大聖興世正意」は、〃いまここ〃に届かなかったであろう。伝承を護り伝えた先哲の全体を含めて、「次第相承の善知識」（一二二七）と讃えられる。『偈』のこころはすべての「師主知識」（六一〇）を包摂するのである。

以上述べたように、高僧は己事究明と一つに釈尊の正意を顕した。実存の論理と歴史の論理が一つに焦点を合わすところ、宗教的真実と歴史的伝承の一つなるところから高僧は規定される。

「顕大聖興世正意　明如来本誓応機」。この二句、法と機の相応をあらわす。「正意」が「機」を顕し、「機」が「正意」を彰す。二句が合わせ鏡のように映し合う。「応機」の「応」は、ふさわしいの意。如来の本願が末世の衆生に相応しているということである。「もし教、時機に赴けば、修しやすく悟りやすし。もし機と教と時と乖けば、修しがたく入りがたし」（七祖、一八二）『相応』とは、たとへば函と蓋とあひ称へるがごとし」（七祖、五七）「まことにわれらが根機にかなひたる弥陀如来の本願」（一〇九四）「弥陀如来の本願のわれらがために相応したるたふとさ」（一一一七）「在家止住のわれらごときのためには相応したる他力本願」（一一三九）も、同じ消息を伝える。ところで肝要は、「相応」の領解にある。

既述のように、自己は反逆意志において立つ。それはほかならぬ自己によって仏との間に打ちこまれた楔・分裂である。「ただ五逆と誹謗正法とをば除く」（一八、四一）「念仏誹謗の有情は　阿鼻地獄に堕罪して八万劫中大苦悩　ひまなくうくとぞときたまふ」（六〇七）は、大悲胸中における分裂の言明にほかならない。ゆえに仏と自己は、恒に対立緊張の力の場に立つ。反逆意志が、そういう力の場の対極を形成する。『大経』「三毒段」「五悪段」は、対立局面の具体的展開であろう。仏と自己を張り渡す対立局面は、時間における それではない。したがって時間表象のなかに入って来ない。しかし反逆意志が自己存在の根拠であるかぎり、「相応」の場を閉ざすというかたちで自己はある。つまり「相応」は、自己から開かれぬ。「〔道理を〕教語し開導すれども、これを信ずるものは少なし」（五七）に、「相応」の不可能性を看取し得よう。それゆえに「応機」の場は、どこまでも「如来本誓」に還されなければならない。「応機、相応」は、本願力の統べるところ、名号のことわりの現成するところである。「もろもろの庶類のために不請の友となる。群生を荷負してこれを重担とす」(七)「いまわれ衆等、度脱を得ることを蒙るゆゑは、みな仏の前世に求道の時、謙苦せしが致すところなり」(五九―六〇)「聖徳皇のあはれみて　仏智不思議の誓願に　すすめいれしめたまひてぞ住正定聚の身となれる」(六一五)は、「応機、相応」の場の根源を開示する。「仏をしていはばよろしく利他といふべし。衆生をしていはば他利といふべし」(五四八)の指南のもと、「応機・相応」はあきらかに如来の功徳利益において成立する。それについて「器に随ひて開導し」(七三)とあるように、「応機」に入るのは類でも普遍でもなく個である。「応機」は個の居場所にほかならぬ。

既述のように、その場は反逆意志を汲みつくす。つまり反逆意志といえども悲心の底をつかない。悲心は反逆を反逆と認めない。反逆意志は否定されたかたちで、「応機、相応」する。このことは仏が仏のなかから絶対に仏でないところを開くというかたちで、仏が自己に来る、自己のもとにあることを意味する。「もろもろの衆生において視そなはすこと、自己のごとし」(七)とあるように、仏は「苦悩の有情」(六〇六)において自己をもつ。すなわち、絶対は絶対の自己否定において真に絶対と言える。絶対の自己否定は、自己に死ぬだけでなく仏にも死ぬことにほかならぬ。両者の死を含んで死は絶対的。そこに仏も自己も対象性を脱する。絶対の現成は、そのほかに考えられぬ。その意味ですべては絶対、相対というものはない。「応機、相応」とはその場の謂い。すなわち「応機、相応」は仏と自己の対立を両方向に同時に突き抜けるところを言う。いま仏において上方向を、自己に下方向を考えるならば、そういう垂直方向は「応機、相応」において意味を失う。「横超の大誓願」(二〇五)は、垂直軸を横切る上下方向の無化と言わねばならぬ。いま述べたように「応機、相応」は、絶対の死の場であるとともに、本願・無量寿に統べられる絶対の生の場である。絶対の生と絶対の死の一つなるところと言える。死において不相応を、生において相応を語るならば、『偈』

は相応の不相応、不相応の相応、絶対矛盾の同一を説く。「絶対不二の教」（一九九）「絶対不二の機」（一九九一二〇〇）は、この同一をあらわす。名号のことわりは、そういう絶対の逆説、絶対矛盾の自己同一としてしか語れない。それゆえにこそ、名号は「誓願不思議」（八三二）と称せられる。

以上、「応機」が仏と自己、法と機の直接的・静的融合でなく、絶対否定的相互媒介として動的構造を示すことは言うを俟たぬであろう。絶対否定的相互媒介とは、法、機を転じ、機、法を転じること、そういうかたちで法が機となり機が法となること、法が機を呼び機が法を呼ぶ、法と機の呼応を言う。「煩悩具足のわれらは、いづれの行にても生死をはなるることあるべからざるを、あはれみたまひて願をおこしたまふ本意、悪人成仏のためなれば、他力をたのみたてまつる悪人、もつとも往生の正因なり」（八三四）は、呼応関係を見事にとらえている。すなわち名号のことわりに機も法も摂せられ、ことわりにおいて法と機が証明し合う。「往生一定御たすけ治定」（一二二七）はことわりを法から語り、「無始以来つくりとつくる悪業煩悩を、のこるところもなく、願力不思議をもつて消滅するいはれ」（一一九二）は、それを機において説く。いずれも「機法一体」の道理の現れである。

「『帰命』は本願招喚の勅命なり」（一七〇）は、呼応関係における〝呼〟を正面に出す。〝呼〟に応じて「信順」（五三九）である。「応機」の証誠は行信。行信が「応機」の真理をとらえる。ということは、「応機」の場が理性ではなく実存であることを意味する。このように「応機」が全体の立場であるかぎり、身心の全体が名号の真理証明の場となる。名号が理性も感性も貫く。「仏道を成るに至るまで六根は静徹にしてもろもろの悩患なし」（三四）。以上、三業四威儀が「応機」を証明するわけである。「彼此の三業あひ捨離せず」（七祖、四三七）「機法一体、仏凡一体」とはこのこと、三業四威儀の絶対性にほかならない。すなわち三業四威儀の全体が称名に摂まる。「本願名号正定業」とは、その謂いであった。

釈迦如来楞伽山
為衆告命南天竺
龍樹大士出於世
悉能催破有無見
宣説大乗無上法
証歓喜地生安楽

『偈』は、釈迦の予言から始まる。「南天竺に比丘あらん　龍樹菩薩となづくべし　有無の邪見を破すべしと　世尊はかねてときたまふ」（五七八）は、『偈』のこころの和文讃歌である。釈尊は時に現れた永遠。そういう永遠の目において予言がある。龍樹は二～三世紀にかけて活躍した人であるから、釈尊滅後およそ六〇〇年を隔てる。『偈』中、「告命」「宣説」の二語は、時の隔てを超えて重なる。予言の的中である。「告命」と「宣説」において両尊が映し合う。そこに龍樹が八宗の祖師・小釈迦と讃えられるゆえんもある。時空を貫く名号のことわりが、『大経』『偈』『和讃』に讃じられ、そこに釈尊から龍樹への仏承がある。

「悉能摧破有無見　宣説大乗無上法」。前句は破邪、後句は顕正。もちろん、破邪・顕正に順序前後はない。破邪即顕正　顕正即破邪。「かの智慧の眼を開きて、この昏盲の闇を滅し、もろもろの悪道を閉塞して、善趣の門を通達せん」（二五）「邪見を翻してもつて正見に赴き」（一〇七九）は、〝即〟を語る。両句は相俟って円融無礙に転換する。「宣説」がこの転換の扉を開く。転換の動機も成就も如来の言葉に摂まる。

さて、有見は常住不変のものにとらわれる考え方、無見は空無のものにとらわれる考え方をいう。有見は有に執し、無見は無に執する。私たちは、有るものは有る無いものは無いと、有か無かのどちらかに分ける。

有と無は同時に成立しない。AはAであるとともに非Aであり得ない。Aと非Aは、相互排除・二者択一的である。これは矛盾律と言われ、同一原理の反面をなす。私たちの思考法は、二つに分けて選択する分別知・分別論理である。分別から比較・差別が発現、またそこに苦悩の根源がある。科学は分析と総合、つまり計算のほかにないから、科学もこの根本原理のもとに立つことはいうまでもない。

私たちは〝われあり、ものあり〟を自明の前提としている。つまり考える自己と考えられるもの、「主観―客観―関係」の場で思考が成立している。そして近代以来、その関係の全体が主体の方にひきつけられ主体に収斂する。ゆゑに関係の場においては、外というも内、むしろ本当の内も外も覆われている。そこでは〝あるʼʼということのリアリティーが隠れている。すなわちデカルトの「われ考う」にすべてが集められ、「われ考う」が認識の成立する中心点として諸学に基礎を置いたのである。すべての存在するものは、その地平で対象化され表象される。それゆえに日常的認識だけでなく科学的認識もひっくるめて、表象という性格をもつ。「われ考う」は「われ表象する」にほかならない。私たちは表象という考え方しか知らないと言ってもよい。これによって真理は、表象の対象との一致ということになった。真理は一致としての「正当性」(die Richtigkeit)にほかならぬ。そして真理の正当性という性格は、科学の成立・発展とともに「近―現」代を根底から規定、揺ぎないもの疑い得ないものとなった。私たちはそういう真理しか知らない。すべての科学的世界観は正当性を基準に成立、それによって検証される。ところでこのような真理性格は、世界が表象像となったことを意味する。「近―現」代は、ハイデッガーの言うように「世界像の時代」である。いま、「われ考う、われあり」において「有見」を見るならば、科学も有の見の射程のもとに立つ。

しかし表象の対象との一致という真理定義は、一つの仮定のうえに立っている。すなわち一致ということを知るためには、対象を直接に(表象を介さずに)知らねばならぬ。だが、対象そのもの(カントのいう物自体)は不可知である。正当性は無根拠と言わねばならぬ。真理性格のこの曖昧さは、「主観—客観—関係」が何の根拠ももたないこと、普遍的真理という理念が幻想にすぎないことを意味する。「愚か者（異生）は存在《もの》に不変の実体（我）を考え、あるとかないとかと倒錯する誤りのために煩悩に支配されるから、自らの心によって欺かれる」[17]。

衆生が流転生死する世界を二十五種に分けて、「二十五有」と言われる。「取によって有あり」（十二縁起）と説かれるように、「二十五有」は執着・有における結びつきの総称である。「諸有輪」（二三五）「諸有に流転の身とぞなる」（五六九）は、まさに「有見」にほかならぬ。「有見」は「常見」とも言われる。「常見」とは死んでも恒常的な我がある、と執する妄見の謂い。「有見・常見」は、現世という枠を超えて死後の世界の展望と解釈を含む。霊魂という考え方もそういう展望から発生する。墓をつくったり骨を安置したりするという行為のなかにも、肉親への愛着とともに、死後も何処かにおさまらなければ落着けないという存在の連続を願う「有見・常見」があろう。霊魂という考え方は、古今東西を問わず根が深い。カントは「われ考う」の実体化・純粋理性の論過（Paralogismus）として、霊魂という考え方の発生のもとを探った。実践哲学では「魂の不死の要請」となった。このように人間精神を通底して、霊魂思想が流れている。多くの民族学者たちにも、この底流を見ることができる。要約するに、このような考え方のもとにこの世からあの世を見る（生から死を見る）という遠近法がある。通常の神仏信仰・有神論も、この視野を脱しないと思われる。人間はそのような考え方からどうしても抜けられないのである。「法然聖人の仰せに『我は菩提所をば造まじきなり、我跡は称名ある所がすなはち、我跡なり』と仰せられけり。又『跡をとぶらふ中といひて、位牌・率都婆をたつるは輪廻する者のする事也』」（五、五六〇）という言葉には、「有見・常見」を脱した智慧の目が光っている。

「無見」は「断見」とも言われ、我の断滅を主張する。人は一度死ねば断滅して再び生まれることはないという考え方である。「無見・断見」は、次のような言表にも看取されるであろう。もう生きるのが嫌になった、早く死にたい、何もかもだめになってしまえ。破滅願望、無への憧れである。有への愛着をひっくり返した無への愛着。「有愛・有見」の裏側である。外へ出る道を失った自己実現が、撥ねかえされて内に向かう。仰圧のはけ口が闇へ無限に解放され、歯どめがきかなくなる。自殺・無差別殺人のもとにもそれがあろう。それは生き方となった「無見・断見」、虚無の自由にほかならぬ。

「因果なし、三宝なし」。因果撥無・謗法闡提の邪見である。アイデンティティーは、具体的には三世因果である。ゆえに因果を撥無すれば、アイデンティティーは幻想にすぎなくなろう。「仏、阿難に告げたまはく、〈一切の衆生もし我見を起すこと須弥山のごとくならんとも、われ懼れざるところなり。なにをもつてのゆゑに。この人はいまだすなはち出離を得ずといへども、つねに因果を壊せず、果報を失はざるがゆゑなり。もし空見を起すこと芥子のごとくなるも、われすなはち許さず。なにをもつてのゆゑに。この見は因果を破り喪ひて多く悪道に堕す。未来の生処かならずわが化に背く〉と」（七祖、一二〇八）。「空見」とは空にとらわれた見解、悪取空とも言われ、「断見・無見」にほかならぬ。「空見」は善悪・因果の道理を否定するから、これほど恐ろしい考え方はない。なお、ヨーロッパの思想的伝承から論理化されたペシミズム・ニヒリズムには、「無見・断見・空見」と照応するところがあろう。

現代、日本だけでなく世界全体が出口のない袋小路に陥っているように思われてならない。世界を覆う閉塞感である。破滅が目に見えないところで、静かにしかも確実に忍びよっているような不気味さをおぼえる。その根因は政治・経済等々の個々の領域を超えて、「近―現」代の根本性格と結びついている。問題の根は、形而上学的なところにある。デカルト以来の近代精神・合理主義が、問題を支えられなくなった。ところで近代精神が科学として開花したかぎり、「近―現」代の根本性格は、科学と深く結びついている。科学そのものは、価値観や世界観の問題にかかわらない、人生観、生き方・あり方についてインディファレントである。しかし、無自覚的にせよ科学の本質・営みは、唯物論・無神論への傾きが潜むと考えられる。科学の形而上学化はその顕在化、世界観としては唯物論に帰結する。このように超越的なものの欠落を反映して、神や仏も脳髄の産物にすぎないという考え方となる。唯物論・無神論が主体化されると、それは生き方として生を規定、実存的無神論となる。「もし神がなければ、人間は何をしても許されるだろう」――ドストエフスキーは、『カラマーゾフの兄弟』のなかでイヴァンにこの言葉を言わせている。実存的無神論の端的な告白である。実存的無神論は、「無見・断見・空見」と秘かに手を結ぶだろう。

合理主義・実証主義の絶対化・形而上学化は、道徳・宗教の根底を破壊し人間の最も高貴なものを腐敗させると思われる。ゆえに宗教的資質は、物質文明の進歩に跛行するよりもむしろ退行するだろう。事実、真宗だけでなく仏教各宗派も、求道者が質量ともに低落の一路を辿っている。ところで実証主義の形而上学化は、知の自己目的化でもある。新しいものを知りたい発見したいという好奇心が、科学を貫く。それゆえに科学や技術の進歩には、どうしても止められないところがある。時代を支配する進歩信仰と言える。だが、科学的世界観が何の慰めもないことは、疑い得ない。例えば生物学者は細胞の絶えざる生成・消滅として身体を、おおかたの脳科学者は脳を「自己」と考える。そこから言えば、三世を貫くようなアイデンティティーは幻想にすぎぬ。永生というも、生殖細胞による世代連続のほかに考えられぬ。そうすると、肉体の死で何もかも終わりではないか。死後の世界は考えられぬ。そこからは真の意味での課題とか責任とかが出て来ない。要するに、実証科学から〝人間とは何か〟に迫ろうとする試み――それは人間の本質に中らないだけでなく、アプローチそのものが間違っている。ところで、不安は人間の本質と必然的に関係する。だが、唯物論者たちは不安を何の根拠もない無意味な感傷としてほうむり去るだろう。それにもかかわらず人間を襲うそういう感情の事実だけは説明せねばならぬ。しかし唯物論からは説明できないだろう。

実証主義の立場から人間の本質に迫ろうとする試みの錯視——それを彼らは自覚することができない。実証主義の地平そのものが自覚への道を閉ざすから。さて、市場原理に組みこまれた科学・技術の前進は、物質文明として花を開き実を結ぶ。それが経済成長でもあるが、経済活動はそもそものはじめから環境敵対的、環境問題と両立しない。原発事故で象徴されるように、二十一世紀は地球環境がどうにもならない問題となろう。人間の成長過程がそのまま死への歩みであるように、人類の繁栄がそのまま没落の道であるように思われてならぬ。盲目的な科学技術の前進は、かえって人類の滅亡を速めるだろう。「衆生有礙のさとりにて無礙の仏智をうたがへば　曾婆羅頻陀羅地獄にて　多劫衆苦にしづむなり」（五七三）。

「解脱の光輪きはもなし　光触かぶるものはみな　有無をはなるとのべたまふ　平等覚に帰命せよ」（五五七）に鑑みるに、「宣説大乗無上法」は無量光の照用・転法輪である。照用が「有無をはなる」にほかならぬ。「かならず無上浄信の暁に至れば、三有生死の雲晴る」（四八八）「慧光は……なほ虚空のごとし、一切の有において所着なきがゆゑに」（五一―五二）は「有見」の脱落、「謗法・闡提回すればみな往く」（四八六）は「無見」の脱落を説く。「大乗無上法」は、有と無、知と愚、合理と不合理、論理と反論理をひっくるめて大きな問いにもたらす、大疑の坩堝に焼き切るわけである。それを通って、有神論・無神論の対立の彼岸に出る。有見・無見ともに我執にまとめられるから、「宣説大乗無上法」は我執の脱落・脱自にほかならない。「平等覚」は「有無をはなる」。「覚」は有でもなく無でもない。「諸法《ハ》離《ルガ》二於有無《ヲ》一故《ニ》、仏冥《カナフトキハ》二諸法《ニ》一則《チ》智絶《スル》二相待《ヲ》一」（一、三七二）は、仏智が有無の分別知（科学的知）を絶するを説く。そこではすべての相対的差別は意味を失う。また、「是にあらず、非にあらず百非の喩へざるところなり」（七祖、一四〇）とあるように、「大乗無上法」は言亡慮絶、人間知の絶対の彼岸と言わねばならぬ。その意味で「諸見を消滅し」（五）「なほ大火のごとし、よく一切諸見の薪を焼くがゆゑに」（二〇二）は、彼岸の音づれである。

「摧破有無見」は、有と無の混在の撥無である。それゆえに有から無への移行を滅び、無から有への移行を成長というような考え方は、仏教の旗標「諸行無常」に当らない。無常は有と無の混在ではない。一部が無常、一部が常住ということはない。それは分別知・邪見の所作である。「もし人、かくのごとき見をなさく、『一切の諸法に、常と無常とあり。無常といふは身なり。常といふは四大なり』と。かの邪見の人、かくのごとき苦を受く」（七祖、八二一―八二二）によってこの邪見を知るべきだろう。むしろ無常と言えば一切が無常、常住と言えば一切が常住、無常と常住を一つに摂めるところが、「大乗無上法」だと思う。

以上あきらかなように、人間から「大乗無上法」への道はない。それゆえに「大乗無上法」の領解は、どこまでも「大乗無上法」にかえされなければならぬ。「大乗無上法」「解脱の光輪」というも名号にほかならないから、領解とは名号が自己になること、名号と自己の一つの現成、現成における両者の一を言う。そういう自己は、もちろん理性的自己でも主我的自己でもない。自己は絶対に自己でないところに自己をもつ。絶対無における自己。「身心柔軟」（二二）は、そういう脱自存在を語るであろう。

「宣説大乗無上法」が、「証歓喜地生安楽」の地平を開く。絶対否定即肯定的に「近―現」代的主体性を超えるかぎり、「歓喜地」は単に反知的でも反合理的でもない。単に論理的でもなければ単に反論理的でもない。論理に反して考えることは、反論理的なるものに与することを意味しない。「歓喜地」は「阿惟越致地」（七祖、六）とも言われ、「不退転地」（七祖、六）の意である。このように「歓喜地」は「生安楽」の必然性を蔵する。あるいは「生安楽」は、「歓喜地」の必然的展開である。ところで「歓喜地」の「地」は、個人的主観を脱した〝開け〟を象徴するであろう。そこに「近―現」代人を根底から規定する主体性が、脱底的に突破される。つまり「歓喜地」は、「近―現」代を通じてそれを超える、ポスト現代の先取であると言える。脱自的な開けにおいて「歓喜地」は、ハイデッガーの「現―存在」(Da-sein)と響き合うであろう。彼は「近―現」代の主体性を通してそれを超えた。彼の有論は、まさに「開け」(das Offene)である。

〝我ありと一つに物あり、自己ありと一つに他者あり〟は、我執・我見の現れである。我執は自己と物を媒介、我執に抱きかかえられてすべての存在する物が現れる。「幻化の法」(七)「一切の法はなほ夢・幻・響きのごとし」(四五)とは、このことであろう。「歓喜地」は、存在するすべてのものの我見からの解放にほかならぬ。物がどこまでも物自身のもとにかえされ、おのがじし輝く。「涅槃は有にあらず無にあらずして、またこれ有なるがごとし」(二八六)「真空妙有」「有即空　空即有」――それが「歓喜地」における「自他不二」としての物のあり方である。

「歓喜地」は、正定聚・宗教的実存の居場所にほかならない。「すでにわが国に到らば、快楽安穏ならん」(一三)「慈光はるかにかぶらしめ　ひかりのいたるところには　法喜をうとぞのべたまふ　大安慰を帰命せよ」(五五九)とあるように、「歓喜地」は「畢竟依」(五五七)、最後の拠りどころである。「歓喜地」から自己と他者、私と私たちという分別の迷妄があきらかになるであろう。「観自在菩薩。行深般若波羅密多時。照見五蘊皆空。度一切苦厄」(般若心経)とあるように、「我法二空」「摧破有無見」が「主観―客観―関係」のリアリティーを抜く。そこから言えば、科学的客観性も隠れた主観性を脱しないし、自己の客観視も我執の生み出した妄想にすぎない。「菩薩この地を得れば、心つねに歓喜多し」(一四七)は、「覚」と「歓喜」との同一を現し、宗教的認識と通底する。そこに宗教的感情の超越性―「一切凡夫の及ぶことあたはざるところなり。一切の声聞・辟支仏の行ずることあたはざるところなり」(一四九)―と世界性があろう。すなわち「大乗無上法」によって規定されるかぎり、歓喜は感傷でも陶酔でもない。往生浄土の確信としての落着きである。一般に思考は深い情熱によって支えられなければ、生涯を貫くことができない。知性が情念的となるとともに、感情が自覚的となる。感情的な高揚は、深い知見に透徹される。因みに、形式論理学は感性・感情を含み得ない。さて、シュライエルマッハーは絶対依属の感情に、カントは道徳的実践に、ヘーゲルは思弁的理性において宗教の本質を考えた。前一者は感性に後二者は理性に、宗教哲学の立場を措いたのである。ところで感性も理性も光寿二無量が貫くこと、つまり名号における感性・理性は、カントに隠されていた感性と理性の共通の根が止揚的に明るみに出ることであろう。その意味で親鸞の立場は、斯学の新しい定礎としてきわめて示唆的である。

「悉能催破有無見」のゆえに、「歓喜地」はすべてが奪い取られるところを含む。しかしそれは消極的・否定的規定ではない。むしろきわめて積極的・創造的と言わねばならぬ。「歓喜地」は、すべてが奪われるとともにすべてが豊かに送り返される無礙自在の転換の場である。「慈悲深遠にして虚空のごとし、智慧円満にして巨海のごとし」(四八五)と讃められるように、「歓喜地」は「平等覚」「仏心」と通底、豊饒の海・創造の泉、大慈大智の場である。

顕示難行陸路苦
信楽易行水道楽

右、「難行」と「易行」、「陸路苦」と「水道楽」が対句をなす。聖道自力の修行を陸路を歩む苦しみに、浄土他力の信楽を水上を航行する楽しみに譬えて、「難行」を捨てて「易行」に就くことを勧める。「難行」と「易行」の決判である。『和讃』に「龍樹大士世にいでて　難行・易行のみちをしへ　流転輪廻のわれらを

ば　弘誓のふねにのせたまふ」（五七九）、『念仏正信偈』に「『十住毘婆沙論』を造りて、難行の嶮路、ことに悲憐せん、易往の大道広く開示す」（四八七）とある。八宗の祖師龍樹菩薩のような智人が、聖道から浄土への道を開顕した意義は大きい。「像法のときの智人も　自力の諸教をさしおきて　時機相応の法なれば　念仏門にぞいりたまふ」（六〇五）。「もし諸仏の所説に、易行道にして疾く阿惟越致地に至ることを得る方便あらば、願はくはためにこれを説きたまへと。答えていはく、なんじが所説のごときは、これ儜弱怯劣にして大心あることなし。これ丈夫志幹の言にあらず」（七祖、四）「もし人疾く不退転地に至らんと欲せば、恭敬心をもつて、執持して名号を称すべしと」（七祖、六）。『易行品』両法文の間に易行道への開顕を読みとることができるであろう。それは菩薩の仏道修行のなかから開かれた道であるが、本質的には名号のことわりの龍樹における現成であった。名号を開いて両句。両句は名号に摂まり、本願真実の顕彰にほかならない。

難行・易行、聖道・浄土の決判は、仏道修行にかかわる人間能力の限界開示である。高僧ですらそうであるからまして凡夫においてをやと、言わねばなるまい。宗教的資質の腐敗と絶望が『偈』の底流をなすとともに、それが本願讃嘆に転成する。『偈』に躍動する生命である。「願力成就の報土には　自力の心行いたらねば　大小聖人みなながら　如来の弘誓に乗ずなり」（五九〇）は、この本願真実への転成であろう。

憶念弥陀仏本願
自然即時入必定
唯能常称如来号
応報大悲弘誓恩

「憶念」とは、通常、〃おもう。深く思い込んで忘れない〃（角川大字源）の意である。そこに追憶・旧憶から連想されるような後向きの響きがあろう。しかし「憶念」は、そういう理解とは絶対に異質的、その視野からの接近をゆるさぬ。さて、「しかれば、願成就の『一念』は……。淳心はすなはちこれ憶念なり。憶念はすなはちこれ真実の一心なり」（二五二）によって、「憶念」が「願成就の一念」「正覚の一念」（一三八六）「信楽開発の時剋の極促」（二五〇）にほかならぬことは、一目瞭然である。「憶念」は、「弥陀仏本願」の自己における現成と言える。「三世の衆生の帰命の念も正覚の一念にかへり、十方の有情の称念の心も正覚の一念にかへる」（一三八六）に鑑みて、「正覚の一念」が時空を超えその全体を集める中心点、三世十方一切諸仏の功徳の集中点をいうことはあきらか。「智慧知過去世無礙・智慧知未来世無礙・智慧知現世無礙」（一四九四、巻末注）、つまり三世を摂する絶対知にほかならぬ。「已今当の往生は　この土の衆生のみならず　十方仏土よりきたる　無量無数不可計なり」（五六一）も、この間の消息を伝える。絶対知において、実体的な時間も空間もない、時間的前後は意味をなさぬ。「憶念」は、時の継起の一点ではない。もしそうならば「憶念の心つねにして」（五五五）「憶念の心はたえぬなり」（六〇四）、つまり反復ということが考えられぬ。前句とともに「自然即時入必定」は、「人よくこの仏の無量力威徳を念ずれば、即時に必定に入る。このゆゑにわれつねに念じたてまつる」（七祖、一六）を受ける。「自然」は、「願力自然」（六二一、取意）の謂い。ゆえに前句が、「自然」を含意、「憶念」がそのまま「自然」と言える。「即時入必定」における「即時」は、「即得往生」（一、二四）の「即」と通底、「憶念」との同時性をあらわす。「無辺・難思の光不断にして、さらに時処諸縁を隔つることなし」（四八六）「ときをへず、日をへだたぬをいふなり」（七〇三）の釈によって、「憶念」がそのまま「入必定」をいうことはあきらかである。「憶念」と「入必定」は、「自然」に摂まる。「自然はすなはち報土なり」（五九三）に、これを伺い知ることができるであろう。「必定」は「歓喜地」と同義、仏道における決定的な階位を言う。

「善悪自然にして行を追うて生ずるところなり」(五六)「魂神精識、自然にこれに趣く」(六三)「天道自然にして、蹉跌することを得ず。ゆゑに自然の三塗の無量の苦悩あり」(六八)における自然は、因果の道理、業道自然の謂い。ところで願力自然と業道自然は、どのような関係に立つのだろうか。両者は同じ「自然」なのか、それとも全く別なのだろうか。既述のように、本願は衆生と必然的関係に立つ。「不取正覚」は、これをあらわす。また、「さればそれほどの業をもちける身にてありけるを、たすけんとおぼしめしたちける本願のかたじけなさよ」(八五二)は、あざやかにこの必然的関係を語り出す。一つの必然性における本願と衆生と言わなければならぬ。「千無一失」(五九四)にこれを見ることができるであろう。それゆえに願力自然と業道自然が、無関係ということは全く考えられぬ。業道自然を忘れるならば、願力自然も単なる表象・観念にすぎなくなるであろう。しかし両者は、直ちに同一ではない。

「卯毛・羊毛のさきにゐるちりばかりもつくる罪の、宿業にあらずといふことなし」(八四二)「さるべき業縁のもよほさば、いかなるふるまひもすべし」(八四四)。前者から必然性におけるすべての存在するもの、後者から時のなかへ躍入する無始無明、恣意を破る行為の必然性が響く。つまり業道自然とは、すべてのもののあり方・生き方の因果必然性にほかならぬ。因果必然の統べるところ、人間のなかに自由がなく自由は人間の妄想に過ぎぬと言わなければならない。人間は必然の支配のもとに立つ。だが、そういうところでは人間は生きていけぬ。いわば息もできぬ。それはキルケゴールのいう必然性の絶望であろう。それでは「不取正覚」の必然性が、どのようなかたちで両者を摂するのか。繰り返し語ったように、衆生の本質は反逆意志、衆生は仏に対し絶対背反的存在である。ということは、「不取正覚」としての必然性が絶対の矛盾対立を含むことを意味する。絶対対立を含んで仏と衆生の関係が成立するということは、相対的対立関係から願力自然が考えられないことの謂い。つまり仏と衆生の相互否定のみが、問題考察の場を用意するであろう。

相互否定は業の束縛からの解放、表象・観念として対象的にとらえられた仏からの離脱を意味する。「いかにして仏の御こころにかなはんずるとおもひ、仏に追従して往生の御恩をもかぶらんずるやうにおもふほどに、機の安心と仏の大悲とがはなればなれにて、つねに仏にうとき身なり」(一三九三)は、仏への執着・仏縛をいましめる法語であろう。相互否定は、両面(仏と自己)からの離脱を意味する。両面からの離脱のゆえに、依るべき何ものもない。仏(法)にも自己(機)にも依ることができぬ。そういうかたちで相互否定は、絶対否定を意味する。絶対否定は仏と衆生の相対的対立の無化にほかならない。したがって相対的に対立するような願力自然も業道自然もない。「不取正覚」の必然性が、絶対否定として働くわけである。「弥陀仏の御ちかひの、行者のはからひにあらずして、南無阿弥陀仏とたのませたまひて、むかへんとはからはせたまひたるによりて、行者のよからんともあしからんともおもはぬを、自然とは申すぞとききて候ふ」(六二一)の指南によって、絶対否定が「行者のはからひ」の撥無、南無阿弥陀仏の現成にほかならないことはあきらかである。「無為自然」(六一一)「義なきを義とす」(六〇九)「わがちからもさとりもいらぬ他力の願行」(一三九九)――いずれも同じおもむきを伝える。聖語は誓願を説き自然を語る。つまり願力は、仏の方からの絶対肯定にほかならない。「弥陀仏の御ちかひ」が、絶対否定即絶対肯定として働き、業道自然を止揚的に抱摂する。止揚的というのは、生死因果の絶対否定的媒介の意である。「すでに六趣・四生、因亡し果滅す。ゆえにすなはち頓に三有の生死を断絶す」(二五五)は、以上の消息を説くであろう。また、「その国逆違せず、自然の索くところなり」(五四)にあきらかなように、自然は力の場である。以上、「自然即時入必定」が浄土への憧憬、彼岸への目的論的視圏の脱落を含むことはあきらか。既述のように業道自然において必然性の絶望を考えるならば、業道自然を絶対否定的にそれ自身に媒介する願力自然は、必然即自由　自由即必然と言える。自由と必然の相即として願力自然が現成するわけである。

「自然法爾」は、親鸞が最後に達した境地であった。彼の思想は、自然の二字に摂まる。しかも「入必定」において自然が語られているから、親鸞思想の核心は死後にはなく今生にある。「現生に正定聚の位に住して、かならず真実報土にいたる」(六二五)。ところで自然科学のいう自然は「主観―客観―関係」の場で考えられているから、研究者にあらわれる対象界・世界像にすぎぬ。これに対し「自然法爾」は、いわば天地万物を貫く〝ことわり〟である。〝しぜん〟でなく〝じねん〟と訓じられるのは、深い意味があろう。

「唯能常称如来号」。「常称」はもちろん常称名、つねに念仏申すの謂い。「凡、仏をたのむといふは心の中の観念にあらず、たゞ名号を唱るをすなはち本願憑とは云也。念仏の行者観念にとゞまる事なかれ、思はゞやがて声をいだしてとなふべき也」(四、四五)。「仏の本願の称名の願なるがゆへに、こえをあらわすべきなり。……わがみみにきこゆるほどおば、高声念仏にとるなり。さればとて譏嫌をしらず、高声なるべきにはあらず、地躰はこえをいださむとおもふべきなり」(四、二一五)。法然の教示は「常称」が口業、身体の立場であることをあらわす。その場合、いわゆる身体ではないが、身体とは別ではない。身体を離れて称名は考えられぬ。「その時に、阿闍世王耆婆に語りていはまく、〈耆婆、われいまだ死せずしてすでに天身を得たり。命短きを捨てて長命を得、無常の身を捨てて常身を得たり。もろもろの衆生をして阿耨多羅三藐三菩提心を発せしむ〉と」(二八七)。「かるがゆゑに凡身をすてて仏身を証するといへるこころを、すなはち阿弥陀如来とは申すなり」(一一三二)。これらの法文において、「命短きを捨て……無常の身を捨て」「凡身をすてて」、「天身を得たり……長命を得……常身を得たり」「仏身を証する」の逆対応の一致を見ることができる。「捨てて」「すてて」に絶対否定を、「得たり」「証する」に絶対肯定を読みとれば、名号において身体が絶対否定即肯定を廻る。「かの清浄の善身にえたり」(五九九)とあるように、三業に仏の功徳が全現する。絶対の死から絶対の生への転換として、称名は絶対否定即肯定的に身体を含む。身体の絶対否定と絶対肯定が称名に摂まる。私たちは瞬間瞬間に死と生、否定と肯定の境目に立つ。「常身」はニルバーナの四徳・常楽我浄の一つにほかならないから、転換は生滅身心を脱ぎ捨て涅槃が身心となるの謂いである。それが称名の真義の開顕。そこに身体の意味が変わる。「本願を信受するは、前念命終なり」（五〇九）「三業どころか、一業もないには、こまるこまる」[18]は、三業の切断における絶対の死を語る。しかも「われいまだ死せずして」とあるように、死ぬ前に死ぬ。阿闍世王の告白は、ハイデッガーの「死ぬ前に死ぬひとは、死ぬときに死なぬ」と響き合うであろう。

以上述べたように、涅槃・仏身が称名となる。「『阿弥陀仏』といふはすなはちこれその行なり」（七祖、三二五）「仏体すなはちわれらが往生の行」（一一一二）にも、仏体即往生之行としての絶対的生を読みとることができる。ゆえに称名は口業に違いないけれども、「口」から出るというのはおかしい。というのは、その場合念仏も自我表象の制約のもとにあるから。もし単に口業ならば、自力称念となろう。「問うていはく、称名念仏申す人は、みな往生すべしや。答ていはく、他力の念仏は往生すべし、自力の念仏はまたく往生すべからず」（四、五九一）。「ただ口にだにも南無阿弥陀仏ととなふれば、たすかるやうにみな人のおもへり。それはおぼつかなきことなり」（一一三七）。

次に、「常称」の「常」が問題となる。「本師龍樹菩薩の　をしへをつたへきかんひと　本願こころにかけしめて　つねに弥陀を称すべし」（五七九）。「弥陀の報土をねがふひと　外儀のすがたはことなりと　本願名号信受して　寤寐にわするることなかれ」（五九五）。「弥陀大悲の誓願を　ふかく信ぜんひとはみな　ねてもさめてもへだてなく　南無阿弥陀仏をとなふべし」（六〇九）。「ふたごころなく如来をたのむこころの、ねてもさめても憶念の心つねにしてわすれざるを、本願たのむ決定心をえたる信心の行人とはいふなり」（一〇八六)。「ねてもさめてもたつてもゐても、南無阿弥陀仏と申す念仏」(一〇九四)。以上の法語は、「常称」のこころを説く。「常称」の義は重い。念仏相続は一瞬の油断も危険、瞬時もとぎれてはならぬ。一瞬の中断は、生涯の念仏の無化を意味する。だが、「常称」を現象からのみとらえるならば、それは不可能なことを要求しているように思われる。事実そうである。生理的・心理的に不可能といわざるを得ない。「しかるに世間のそうそうにまぎれて、一時もしくは二時、三時おこたるといへども……」(七六二)。「さてこのうへにここころうべきやうは、ときどき念仏を申して……」(一一九四)。これらの聖教の「おこたる」「ときどき」は、一見、「常称」と矛盾する。これはどのように考えらるべきだろうか。

「弥陀の名号となへつつ　信心まことにうるひとは　憶念の心つねにして　仏恩報ずるおもひあり」(五五五)。この『和讃』は、「憶念」との必然性における「常称」、「常称」が「信心」に由来することを説く。つまり「不断光仏」(五五八)が、「常称」とあらわれる。いま「憶念」において「決定の信」を「常称」において「念相続」を語るならば、次の『和讃』から「憶念」と「常称」との関係が見えて来るであろう。「決定の信なきゆゑに　念相続せざるなり　念相続せざるゆえ　決定の信をえざるなり」(五八四)。これを裏から読めば、決定と相続の相互媒介、両者がその〝もと〟をもち合うことを知る。〝もと〟とは、真如法性そのものにほかならぬ。「決定の信」において「一念」を、「念相続」において「多念」を解すると、決定と相続の相互媒介は「一念即多念　多念即一念」をいう。ここに「即」は、「憶念」と「常称」の間の必然性をあらわす。「一念をもつては往生治定の時刻と定めて、そのときの命のぶれば自然と多念におよぶ道理なり」(一二一四)「多念はすなわち一念のつもりなり」(一三七一)「すでに一念をはなれたる多念もなく、多念をはなれたる一念もなきものを……」(一三七二)「上尽一形下至一念」(一〇九〇)は、この間の事情を伝えるであろう。「名号を執持すること、もしは一日、もしは七日、一心にして乱れざれば……」(一二一四)も、この意に解すべきであろう。以上、「即」は実体的・固定的な「一念」「多念」の否定の場にほかならない。

「一念多念のあらそひなんどのように、詮なきこと、論じごとをのみ申しあはれて候ふぞかし。よくよくつつしむべきことなり」（七七五）「一念こそよけれ、多念こそよけれなんど申すことも、ゆめゆめあるべからず候ふ」（八〇六）に、「一念」「多念」の対立的なとらえ方の無化を読みとることができる。そこに、「浄土真宗のならひには、念仏往生と申すなり、まったく一念往生・多念往生と申すことなし」（六九四）という「念仏往生の本願」（八〇五）の真義開顕がある。名号・念仏往生における一念・多念のゆえに、〃一念にあらず、多念にあらず。しかも一念であり多念である〃と云うことができる。前者は凡夫の功を奪い、後者は仏の功徳を讃める。名号において一念・多念ともに否定即肯定を廻るわけである。名号は、この意味における一念と多念の同一にほかならない。このような念仏の絶対性は、尋常と別時・臨終の区別の意味を奪う。「まづ善信（親鸞）が身には、臨終の善悪をば申さず」（七七一）。「臨終まつことなし、来迎たのむことなし」（二〇八五）。

以上、「常称」が「念仏往生」の義をあらわすことはあきらか。すなわち「憶念の心つね、たえぬ」「決定即相続　一念即多念」が、「常称」の内実と言える。この場合、決定・一念と現れ、相続・多念と現れる当体は何か。「如来二種の回向を　ふかく信ずるひとはみな　等正覚にいたるゆゑ　憶念の心はたえぬなり」（六〇四）の導きによって、「憶念の心」が「等正覚」に基づくこと、「即」が「等正覚」をいうことは疑いの余地がない。「念仏往生の願により　等正覚にいたるひと」（六〇五）の光沢を蒙って、「等正覚」は本願の現実化・実存化、「正定聚」「便同弥勒」（六八二）「如来とひとし」（七五八）と言わねばならぬ。「等正覚」は、「大般涅槃」（六〇五）と質を同じくする。「常行大悲の益」（二五二）もそのほかには考えられぬ。

念々の称名は、天地を貫いて響く「正覚の大音」（一一）にほかならぬ。「いま仏に値ひたてまつることを得、また無量寿仏の声を聞きたてまつりて、歓喜せざるものなし」（六〇）「なんじよくこの語を持て。この語を持てといふは、すなはちこれ無量寿仏の名を持てとなり」（一一七）における「無量寿仏の声・名」は、単に時空を超えるのではない。時空を含んで時空を超える。それゆえに〝いまここ〟のことでもある。念仏の声のするところ浄土三部経の会座が開かれ、釈尊が説法、三世十方一切諸仏が充満している。すなわち「常称」は、三世十方の諸仏との同時性、諸仏の「誠実の言」（一一五）における転法輪である。「大行」（一四一）の出どころを「諸仏称揚の願、諸仏称名の願、諸仏咨嗟の願」（一四一）と名づけられるのは、深い意味がある。ゆえに「常称」は、単に現象からとらえられぬ。念仏は衆生穢悪の三業を離れ、意識・自意識の立場ではない。南無阿弥陀仏は、単に音声でも文字でもない。これを受けて領解は、音声・文字を離れたところをふまえてはじめて成立。正覚が領解となる。見えないものを見、聞こえないものを聞くとは、そのことである。「しかれば、弥陀如来は如より来生して、報・応・化、種々の身を示し現じたまふなり」（三〇七）とあるように、真如法性が名号と現れる。したがって「念仏はすなわちこれ南無阿弥陀仏なり」（一四六）の領解は、「唯能常称如来号」とならざるを得ない。このように「常称」は、底なく涅槃の徳に還されるが、もちろんそれは自己・衆生との無関係を意味しない。「かように信ぜん女人は浄土に生るべし。かくのごとくやすきことを、いままで信じたてまつらざることのあさましきよとおもひて、なほなほふかく弥陀如来をたのみたてまつるべきものなり」（一二〇二）に、機が法に打ちかえされる称名の反復を看取し得よう。「常称」は、時間的継起ではない。念々称々、仏国土の荘厳を新たにする創造である。そういう創造的行為に参加する――それが「常称」である。翻って、称名はどこまでも現象を離れない。いま現象を時、超絶を永遠で語るならば、称名は単に時における出来事でもなければ単に永遠におけるそれでもない。称名は時と永遠の相互貫入として時が永遠、永遠が時、時における永遠の現成と言える。それゆえにそういう時には過去も未来もない。

そこにおいて無限の過去と未来が相互媒介される絶対現在である。絶対現在に三世が摂まる。ここで漸く次の法語が、射程にとらえられるだろう。「この信心おこりぬるうへは、口業には、たとひときどき念仏すとも常念仏の衆生にてあるべきなり」(一三九八)「またものぐさく懈怠ならんときは、となへず念ぜずして夜をあかし日をくらすとも、他力の信心、本願に乗りゐなば、仏体すなはち長時の行なれば、さらに弛むことなく間断なき行体なるゆゑに、名号すなはち無為常住なりとこころうるなり。『阿弥陀仏すなはちこれその行』といへる。このこころなり」(一四〇三)。

「唯能常称如来号　応報大悲弘誓恩」。両句から「常称」と「応報」の〝つながり〟が読みとれる。論攷は、〝つながり〟の究明に尽きる。「唯能」の意義もそこから汲みとられると思われる。両句は、「憶念弥陀仏本願」に摂まる。「弥陀仏本願」が、「憶念」「入必定」「常称」「応報」を貫く。「本願力にあひぬれば　むなしくすぐるひとぞなき」(五八〇)。「真実信心はかならず名号を具す。名号はかならずしも願力の信心を具せざるなり」(二四五)。「弥陀の尊号となへつつ　信楽まことにうるひとは　憶念の心つねにして　仏恩報ずるおもひあり」(六〇五)。「信心の智慧にいりてこそ　仏恩報ずる身とはなれ」(六〇六)。「信のうへの称名」(一一四四)。「されば弥陀願力の信心を獲得せしめたらん人のうへにおいてこそ、仏恩報尽とも、また師徳報謝なんどとも申すことはあるべけれ」(一一五七)。以上の法文は、信における「常称」と「報恩」、必然性における両者が信にほかならないことを教える。そういう必然性は、「信心正因　称名報恩」「信因称報」と言われる。願力自然が現れて必然性であるから、「信因称報」は自然の開展にほかならぬ。「念仏の申さるるも如来の御はからひなり」(八三五)に、自然のことわりを聞く。また、自然のことわりが「信が行をさまたぐる……行が信をさまたぐる」(四、六三二)と、いう偏執を破す。

「応」は「まさに……べし」、当為・命令をあらわす。ところで命令するものそれをうけるものは、何であろうか。字づらから見ると、『偈』はそれについて何も語っていない。「如来大悲の恩徳は　身を粉にしても報すべし　師主知識の恩徳も　ほねをくだきても謝すべし」（六一〇）。「恩徳讃」から仏道の厳しさが響く。これほど厳しい言葉はない。ところで、「弘誓のちからをかぶらずは　いづれのときにか娑婆をいでん　仏恩ふかくおもひつつ　つねに弥陀を念ずべし」（五九三）「娑婆永劫の苦をすてて　浄土無為を期すること　本師釈迦のちからなり　長時に慈恩を報ずべし」（五九三）は、「恩徳」の展開である。謝すべきは、弥陀・釈迦の恩徳。つまり「報謝」「応報」は、「弘誓のちから」「釈迦のちから」と一つに説かれる。恩徳から信心が発起する。「如来の法蔵あつめてぞ　本願弘誓に帰せしむる」（五五九）、としての自然における恩徳と報謝である。願力自然があらわれて「応報」「べし」となる。すなわち「恩徳讃」は、如来・知識の恩徳をそのまま受けたすがた、信心領受のすがたにほかならぬ。「恩徳讃」は、信心内容の讃嘆以外の何ものでもない。無限絶対の恩徳は、この厳しい言葉でしか受けられぬ。「恩徳讃」で「正像末和讃」を結ばれたのは、無始以来の無明罪業の転成が「如来大悲の恩徳」「師主知識の恩徳」によることを讃じたのだと思う。「恩徳」は無始無明に逆対応する、そういうかたちで「讃」に歴史・時（正像末）というものが入っている。自己は恩徳から報謝への転換点、恩徳がそのまま当為となる。自然における恩徳と報謝ゆえに、そこに全く私はない。『偈』『和讃』ともに、命令する主体・受ける主体を語らないのは、そのゆえである。命令する人もなければ受ける人もない。誰が命令し誰が受けるのか——もともと立てられない問いと言わねばならぬ。

絶対の恩徳に対するとき、知恩ということが言えぬ。言うべく御恩はあまりにも大きく重い。それに対して、「無慚無愧」（六一七）「いし・かはら・つぶて」（七〇八）「木石」（一一五五）とならざるを得ないであろう。知恩が言わるべきならば、絶対否定的媒介による。つまり〝恩知らず〟と一つに、〝恩を知る〟ということがある。〝恩知らずと知る〟ことが既に恩徳のなか。「知恩報徳」（三五一）の念仏勤行も「聖人の勧化のあまねきがいたすところなり」（一一七〇）と、恩徳に還されなければならない。知恩は弁証法的構造をもつ。そういうかたちで、知恩も忘恩も自然に摂まる。「自然のことわりにあひかなはば、仏恩をもしり、また師の恩をもしるべきなり」（八三五）とあるように、知恩も自然のことわりによる。忘恩と知恩の相互転換は本願力の統べるところと言わねばならぬ。「能令瓦礫変成金」（七〇八）「無慚無愧のこの身にて　まことのこころはなけれども　弥陀の回向の御名なれば　功徳は十方にみちたまふ」（六一六）は、これを讃じるであろう。

「憶念弥陀仏本願」は、課題―後生の一大事―の解消・解決にほかならぬ。また、それゆえにこそ御恩報謝の称名である。逆に言えば、課題が忘れられるところから「応報」「恩徳讃」は出て来ない。ところで「応報」は、課題の解消に尽きない、そこに積極的・創造的な意味がある。これはどういうことだろうか。「憶念弥陀仏本願」は、仏の仕事を継ぐゆえに仏子誕生を意味する。ところで、「群生を荷負してこれを重担とす」（七）は、伝承を新しい課題において語るであろう。つまり「生死出ずべき道」の現成は、課題の意味の転換と言える。「みづから信じ人を教へて信ぜしむること、難きがなかにうたたさらに難し。大悲をもつて伝えてあまねく化するは、まことに仏恩を報ずるになる」（七祖、六七六）は、「応報大悲弘誓恩」の新しい展開、「自信」から「教人信」、「願作仏心」から「度衆生心」への展開である。「仏慧功徳をほめしめて　十方の有縁にきかしめん　信心すでにえんひとは　つねに仏恩報ずべし」（五六五）「一念のほかにあまるところの念仏は、十方の衆生に回向すべしと候ふも、さるべきことにて候ふべし」（八〇五）は、念仏の弘法利生という積極的・創造的はたらきを語り、「回向文」のこころに通じる。さらに「浄土の大菩提心は　願作仏心をすすめしむ　すははち願作仏心を　度衆生心となづけたり」（六〇三）「度衆生心といふことは　弥陀智願の回向なり　回向の信楽うるひとは　大般涅槃をさとるなり」（六〇四）の指南によって、新しい展開が願力自然に摂まることを讃じる。「自信即教人信　自利即利他　願作仏心即度衆生心」は名号の現成、〝ことわり〟

が現れて「即」となる。「自覚・覚他・覚行窮満、これを名づけて仏となす」（七祖、三〇一）「そのところに念仏のひろまり候はんことも、仏天の御はからひにて候ふべし」（七七二）も、同じ消息を伝える。

如来が衆生に恩返しをされて何になろう。すなわち衆生の方から言えば報謝の念仏であるが、そのまま如来の転法輪である。以上あきらかなように、課題の意味転換は名号のことわりの展開にほかならない。そこに全く私はない。私のはからいが入るとすべてが混乱、布教・伝道の名における征服欲・権力欲となる。「余のひとびとを縁として、念仏をひろめんと、はからひあはせたまふこと、ゆめゆめあるべからず候ふ」（七七二）は、布教・伝道に忍びこむ自愛・我執の摘出であろう。翻って、「機法一体」の領解が「常称」とあらわれるから、「常称」に「機」・自己がまるまる入る。「常称」がそのまま如来に還れるということは、そのまま自己に還えされると同義。法蔵菩薩の願行が自己の願行となる。その意味で「応報」は、絶対の当為にほかならぬ。「専修正行の繁昌は遺弟の念力により成ず」（一二七一）に、自己に還された当為が読みとられるであろう。逆に言えば、念仏のひろまらぬは「常称」・念仏相続を忘れているからである。「仏法をばやぶるひとなし。仏法者のやぶるにたとへたるには、『獅子の身中の虫の獅子をくらふがごとし』と候へば、念仏者をば仏法者のやぶりさまたげ候ふなり」（七九二）。

「憶念」において大事決了を、大事決了において涅槃を、涅槃において妙有を語れば、「常称」は存在と当為の統一と言わねばならぬ。ここから「唯能」の義も解明されるであろう。「憶念」と「常称」を願力自然が摂するかぎり、諸行、たとえば社会慈善事業・ボランティア等の入る余地はない。称名の絶対性は他の道を閉ざす。称名を忘れるならば、衆生利益というも「聖道の慈悲」（八三四）にとどまり、自力・我執を脱しない。「名号のほかになにごとの不足にて、かならず経をよまんとするやと思ひかへして、よまざりしことの、さればなほもすこし残るところのありけるや、人の執心、自力のしんは、よくよく思慮あるべし」（八一六）にも、「唯能常称如来号」のこころが流れている。「しかれば、念仏申すのみぞ、すゑとほりたる大慈悲心にて候ふべき」（八三四）「恩を棄てて無為に入る真実の報恩者」にも、「唯能」が強く響く。念仏のほかに利他はない。称名念仏の功徳が開かれて、「世のなか安穏なれ、仏法ひろまれ」（七八四）となる。如来・知識の恩徳は、念仏一つで受けらるべきであり、そのほかの受け方を知らぬ。

天親菩薩造論説
帰命無碍光如来
依修多羅顕真実
光闡横超大誓願
広由本願力回向
為度群生彰一心

天親章は、『無量寿経優婆提舎願生偈』の簡潔な要約である。右の六句は、『願生偈』冒頭の再把握とみてよかろう。親鸞がいかに『浄土論』に傾倒したかは、「信文類序」の「広く三経の光沢を蒙りて、ことに一心の華文を開く」（二〇九）からも一端を伺い知ることができる。天親と現代の時の隔たりを一挙に超える名号のことわりが、ここに開顕される。天親に現実化した名号が、時空を超えて末世を光照する。末代衆生を視野に摂める「造論説」と言わねばならぬ。さて、はじめの四句から「造論説」のもとに「修多羅」があることはあきらか。『浄土三部経』に導かれて『論』が成った。経論釈に依ってのみ「論説」があり、「論説」の権威はそこから来る。ここで「依修多羅」と法が正面に出ているが、「三宝同一の性相」（四〇七）における法、法は仏と僧を含む。「三宝同一」をふまえた「依修多羅」である。一般に「三宝同一の性相」を信じないものは、自利利他できぬ。「為度群生」ということが出て来ぬ。「この人、仏法僧宝を信ずといへども、三宝同一の性相を信ぜず。……このゆゑに名づけて信不具足とす」(四〇七)。いま三宝において真実を語れば、真実によってのみ真実が現れる、真実が真実を顕わす。「一心」は、「本願力回向」による。

「世尊、われ一心に尽十方無礙光如来に帰命したてまつりて、安楽国に生ぜんと願ず。われ修多羅の真実功徳によりて、願偈を説きて総持し、仏教と相応せん。かの世界の相を観ずるに、三界の道に勝過せり。究竟して虚空のごとく、広大にして辺際なし」(七祖、二九)。第二句・第三句が、文字通り右の引用文に含まれる。「造論説」は「修多羅」に依る。「修多羅」の光沢における「光闡横超大誓願」。「誓願」が現れて「帰命」「造論説」―「世親菩薩(天親)は、大乗修多羅真実功徳によりて、一心に尽十方不可思議光如来に帰命せしめたまへり」(五四五)―となる。「阿弥陀仏の御かたちをたしかにしらせたまはねば、その御かたちをたしかにたしかにしらせまゐらせんとして、世親菩薩(天親)御ちからを尽してあらはしたまへるなり」(七六三)は、「帰命尽十方無礙光如来」の深義を説くであろう。無礙光が自己を照破する極微の一点、つまり無限大と無限小の同一――それが「帰命尽十方無礙光如来」にほかならぬ。「帰命」が個をとらえる。そのほかに自己を知るということはない。「無明の大夜をあはれみて　法身の光輪きはもなく　無礙光仏としめしてぞ　安養界に影現する」(五七二)から、「無礙光仏」の「無明の大夜」との必然的関係を読みとることができる。「尽十方」は空間の制約の突破を語るであろう。それゆえに「かの世界の相……」へ空間概念がもちこまれてはならない。無礙光は、あらゆる制約を絶し明闇を離れる。無礙光のもとで明闇ということが言われ得ると思う。「よく衆生の一切の無明を破し」(一四六)「三有生死の雲晴る」(四八六)は、無礙光の徳を讃じるであろう。『願生偈』は「一心」の展開である。「かの世界の相を観ずるに」とあるように、「一心」が「観」を摂することはあきらか。ところで、「観察門」は「五念門」のなかの一つ。「願力成就を五念と名づく」（五四八）「入出二門を他力と名づく」（五四八）に鑑みるに、「五念門」「入出二門」の功徳が名号に摂まる。『偈』に「観」の場が開かれていることは疑い得ない。そうでなければ、先に引用の親鸞消息文もなかろう。「論主の一心ととけるをば　曇鸞大師のみことには　煩悩成就のわれらが　他力の信とのべたまふ」（五八四）「この十七種の荘厳成就を観ずれば、よく真実の浄信を生じて、必定してかの安楽仏土に生ずるを得」（七祖、一二五）。以上の二文を勘案すると、「一心」が「観」との統一においてとらえられ、此土に置かれていることは確かである。つまり「観」を含んで、「広由本願力回向」と偈頌されると思う。真宗は「唯信独達」の法門であるが、かならずしも「観」を排除するものではない。しかし「観」は、世界観の観とは絶対に異質的である。世界観は「主観―客観―関係」のもとに立ち、人間化（Vermenschlichung）の地平を脱していないから。

「問ひていはく、仏法のなかには我なし。このなかになにをもつてか我と称する。答へていはく、『我』といふに三つの根本あり。一にはこれ邪見語、二にはこれ自大語、三にはこれ流布語なり。いま『我』といふは、天親菩薩の自指の言にして、流布語を用ゐる。邪見と自大とにはあらず」（七祖、五二）によるに、「観」は我見の脱落において成立、人間化の彼岸であることはあきらかである。我見が残るかぎり「観」とは言えぬ。その意味で肉眼で見るのでもなければ、「こころ」の目で見るのでもない。人間化の地平を底なく超えたところから、『願生偈』は成り立つ。自我表象と一つに時間・空間概念も成立するから、天親の「観」は自我表象の破れるところに成立する。すなわち「かの世界の相を観ずる」は、「主―客」対立の場における観想でなく、むしろ「毘婆舎那」・絶対行である。ゆえに「三界の道に勝過せり」は、界外無漏界の現成と言える。「観」は、「覩見諸仏浄土因」「獲信見敬大慶喜」における「覩見」「見敬」「信心清浄なればすなはち仏を見たてまつる」（四八七）と通底するであろう。

「一心」は人間学からの接近を峻拒、主観的・個人的でない。また、観念論と唯物論の対立も人間主体に収斂するかぎり、「一心」は両者の対立を超絶する。「一心」は、三界唯心・絶対唯心の謂い。「その時に、世尊、この経法を説きたまふに無量の衆生、みな無上正覚の心を発しき」（八三）「仏身を観ずるをもつてのゆゑにまた仏心を見たてまつる。仏心とは大慈悲これなり」（二〇二）「こころをひとつ」（一一八九）「さらに余のかたへこころをふらず」（一一八九）も、この「一心」のほかにはない。

「広由本願力回向　為度群生彰一心」は、天親の自督領解がそのまま「度衆生心」にほかならないことを讃じる。「度衆生心といふことは　弥陀智願の回向なり　回向の信楽うるひとは　大般涅槃をさとるなり」（六〇四）に鑑みるに、如来はつねに「度群生」へ働く。「如来はこれ実相身なり、これ為物身なり」（七祖、一〇三）、すなはち「実相身即為物身」は、「度衆生」への必然的展開をあらわす。「如来、いま未来世の一切衆生の、煩悩の賊のために害せらるるもののために、清浄の業を説かん」（九二）にも、これを看取し得よう。一切衆生に回向され遥かに私に照準を定める救済の必然性が、この句に働いていると言える。

帰入功徳大宝海
必獲入大会衆数

初句は、天親の「功徳大宝海」への帰入とその天親における現成の相互貫入を説き、「帰命無量寿如来」と同義である。相互貫入の全体を本願名号が規定する。「本願力にあひぬれば　むなしくすぐるひとぞなき　功徳の宝海みちみちて　煩悩の濁水へだてなし」（五八〇）の「むなしくすぐるひとぞなき」に、仏光の衆生身心の貫通、その力動性・救済の必然性が現れる。「無上甚深の功徳」（一二〇〇）が現れて念仏行者となる。「ひとすじにこの阿弥陀ほとけの御袖にひしとすがりまゐらするおもひをなして、後生たすけたまへとたのみまうせば、この阿弥陀如来はふかくよろこびましまして、その御身より八万四千のおほきなる光明を放ちて、その光明のなかにその人を摂め入れておきたまふべし」（一一九九）は、『偈』をやわらげた表現であろう。

「必獲入大会衆数」。「浄土で阿弥陀仏が説法する時の集会を広大会と名づけ、それに参列し聞法する大衆を大会衆という」（二〇五、脚註）によってあきらかなように、「大会衆数」とは浄土の聖衆を言う。「かの仏の初会の声聞衆の数、称計すべからず。……かの初会の声聞・菩薩を計へて、知らんところの数はなほ一渧のごとし。その知らざるところは大海の水のごとし」（三一）は、広大無辺のひらけから化生する「大会衆数」を象徴するであろう。

「名義に随順して仏名を称せしめ、如来の光明智相によりて、実のごとく修し相応せんと欲ふがゆゑなり。すなはちこれ無礙光如来の、摂取選択の本願なるがゆゑなり。これを名づけて入第二門とす。すなはち大会衆の数に入ることを獲るなり」（五四六）は、称名において「必獲入大会衆数」を語る。これによって句が、此土の利益・正定聚をいうことはあきらかである。「この大功徳を、一念に弥陀をたのみまうすわれら衆生に回向しましますゆゑに、過去・未来・現在の三世の業障一時に罪消えて、正定聚の位、また等正覚の位なんどに定まるものなり」（一一九三）に鑑みるに、正定聚は罪なきところから立ち上がる。そこに「煩悩の濁水へだてなし」と相応すると思われる。正定聚は業障からの全き解放によって規定されるから、「それ衆生ありて、かの国に生るるものは、みなことごとく正定の聚に住す」（四一）と説かれるように、浄土の聖衆と通底する。

「大会衆数」の名のように、集合ということが念仏行者に本質的に属する。和合衆はそれを語るであろう。

ところで、集合・和合とはどういうことであろうか。さて、「寿終り、身死してまさに独り遠くさるべし」（五五）「人、世間愛欲のなかにありて、独り生れ独り死し、独り去り独り来る」（五六）。以上、人間存在のどうしようもない孤独を説く。「無人空迥の沢」（二二五）「されば死出の山路のすゑ、三塗の大河をばただひとりこそゆきなんずれ」（一一〇〇）も、同じ消息を伝える。また、「愚かな者を道伴れとするな。独りで行くほうがよい。孤独で歩め」[19]にあきらかなように、仏道修行には独りで歩むというところがかならずある。キルケゴールの言うように宗教的実存は、例外者・単独者である。ここから翻ると「大会衆数」・集合・和合が、いよいよ考察に値するものとなろう。

「信心よろこぶそのひとを　如来とひとしとときたまふ　大信心は仏性なり　仏性すなはち如来なり」（五七三）「『智度論』にのたまはく　如来は無上法皇なり　菩薩は法臣としたまひて　尊重すべきは世尊なり」（五七九）。以上の『和讃』は、名号が一切諸仏菩薩の住む家なることを讃じるであろう。「般舟三昧および大悲を諸仏の家と名づく」（一四六）。名号における諸仏の集合・和合を家は語る。すなわち名号の現実化としての称名は、一切衆生とともに如来の寿を生きる。「法を聞きてよく忘れず、見て敬ひ得て大きに慶ばば、すなはちわが善き親友なり」（四七）は、釈尊における宗教的生の共同を称える。『弥陀経』「証誠段」は、生の共同において六方無量の諸仏が念仏を讃める世界を開く。念仏は一切が一切を拝み合う世界である。すなわち念仏行者はすべてのもののもとにあるとともに、すべてのものが行者のもとに集められる。念仏は無限の散乱を一つに集める場、「諸上善人とともに一処に会する」（一二四）場である。すなわち、称名は孤独とつながりがともに徹底されて一つになることの証明にほかならぬ。そのようなかたちで「大会衆数」は、和合衆と言われる。和合衆が教団に基礎をおく。しかし社会は、孤独と連帯のどちらから見ても中途半端、つまり抽象的である。例えば、多死社会と言って死すらも社会現象と考えている。死は社会という平面を抜け出たそれこそ個人の問題であるにかかわらず。もし教団の社会性ということが言わるべきならば、それは大会衆数・正定聚に由来せねばならない。「必獲入大会衆数」は、教団の本質開示と言える。

得至蓮華蔵世界
即証真如法性身
遊煩悩林現神通
入生死薗示応化

右の四句、浄土の徳の讃歎である。浄土は利他の大活動・衆生済度のはたらきの源泉、浄土教の生命もそこにある。この四句は重い。また、いろいろ考えなければならないところもある。しかし詳細は第四章にゆずって、さしあたり考察を偈句と此土とのつながりに限定したい。まず言わねばならないのは、浄土は単に期待・憧憬・願望ではないということである。そういうあり方は不確実性を伴う。来るであろうは、かならずしも来るではない。未来に現在を、推量に現実を託することはできぬ。すなわち娑婆は、浄土への通過点ではない。目的論的に此土は彼土から基礎づけられない。さて、「蓮華蔵世界」の蓮華は、「如来浄華の衆は、正覚の華より化生す」（七祖、三〇）とあるように仏正覚の象徴である。「淤泥華といふは、『経』に説いてのたまはく、高原の陸地には蓮を生ぜず。卑湿の淤泥に蓮華を生ずと。これは凡夫、煩悩の泥のうちにありて、仏の正覚の華を生ずるに喩ふるなり。これは如来の本弘誓不可思議力を示す」（五四九）に鑑みるに、仏の正覚は衆生の煩悩を離れない、それと本質的な関係をふまえる。「如来の作願をたづぬれば　苦悩の有情をすてずして　回向を首としたまひて　大悲心をば成就せり」（六〇六）は、この関係が作願として現れることを讃じる。煩悩において利他の大活動が惹起され、否定即肯定的に煩悩は正覚に、泥淤は蓮華に包摂される。どのような悪も浄土の徳に止揚され、救済から洩れるいかなる悪もない。「無三悪趣の願」「不更悪趣の願」「離諸不善の願」は、どのような悪も浄土にないことを誓う。「かの仏国土は無為自然にして、みな衆善を積んで毛髪の悪もなければなり」（七三）。浄土は煩悩と絶対的に隔絶、涅槃は煩悩の火の消えたさとりの境界である。悪業煩悩を否定即肯定的に包摂して大悲心成就。成就は悪業煩悩の創造的意味への転成にほかならぬ。転成においてどのような悪も浄土にある。したがって単に悪を排除するのは、「威神功徳の不可思議」（四一）の制限を意味するであろう。それで地獄も浄土のなかにあると言える。また浄土のなかにある地獄は、すでに地獄ではない。真実報土は、そういう絶対矛盾の自己同一と言わなければならない。報土において悪の有無が同時に言えるわけである。「弥陀大悲のむねのうちに、かの常没の衆生みちみちたるゆえに、機法一体にして南無阿弥陀仏なり」（一三九二）は、このことであると考えられる。

浄土は、娑婆と単に隔絶した世界ではない。両者は静的な並列関係でなく、どこまでも対立緊張を孕む動的関係に立つ。煩悩がなければこのような生々躍動の交際は考えられぬ。交際は否定即肯定的に煩悩を軸にすると言える。「煩悩を悔むじやない　よろこびの種悟りの種[20]」

「尽十方の無礙光は　無明のやみをてらしつつ　一念歓喜するひとを　かならず滅度にいたらしむ」（五八五）「罪障功徳の体となる　こほりとみづのごとくにて　こほりおほきにみづおほし　さはりおほきに徳おほし」（五八五）は、あきらかに彼土ではなく此土における出来事、現生正定聚の利益を讃じる。次に、「安楽土に到れば、かならず自然に、すなはち法性の常楽を証せしむとのたまへり」（五五〇）は、彼土の利益を説く。無礙光において此土も彼土も統一されることは、疑いの余地がない。無礙光においては彼土も此土もない。まさしく無礙光から『偈』が生れている。浄土の先取りと言ってもよかろう。「帰命無碍光如来」「一心」

は、そういう先取りとして浄土への必然性を開く。『偈』の全体は、本質的にそこに含まれている。必ず来るものはいま来ていると言えるし、いま来ているものは必ず来るとも言える。『偈』の四句はそういう到来するものの展開、真理の全現である。

本師曇鸞梁天子
常向鸞処菩薩礼
三蔵流支授浄教
焚焼仙経帰楽邦

前半の二句、具体的例証を示して曇鸞の徳を称える。「本師曇鸞大師をば　梁の天子蕭王は　おはせしかたにつねにむき　鸞菩薩とぞ礼しける」（五八七）は、これをやわらげた『讃』である。もちろん大師の徳は名号の功徳、そのほかの何ものでもない。「菩薩礼」「鸞菩薩とぞ礼しける」は、五念門のなかの礼拝門、蕭王は曇鸞において如来を拝している。龍樹に還れば「為ニ二諸ノ衆生ノ一願力モテ住ス故ニ我頂二礼シ上ル弥陀尊ヲ一」（一、二六七）とある。礼拝は願力自然の現成、能礼・所礼の対立を絶する。ここで、「建長八年　丙辰　二月九日の夜寅時、釈蓮位夢想の告げにいはく、聖徳太子、親鸞上人を礼したてまつりてのたまはく、『敬礼大慈阿弥陀仏　為妙教流通来生者　五濁悪時悪世界中　決定即得無上覚也』」（一〇四六）を記しておきたい。太子の親鸞に対する、蕭王の曇鸞に対するがごときである。

次に、目を後半の二句に転じたい。曇鸞は、菩提流支に会い『観無量寿経』を授けられ、仙術の書を焼きすてて浄土の教えに帰した。句は曇鸞の回心を伝える。それは曇鸞における決定的な出来事、彼の宗教的生の始源であろう。「一切道俗もろともに　帰すべきところさらになき　安楽勧帰のこころざし　鸞師ひとりさだめたり」（五八二）。「帰楽邦」は故郷への還帰、あり場所の発見である。そこにはじめて落着きということがある。「帰楽邦」は曇鸞に現れた出来事に違いなかろうが、単に時におけるそれではない。

「それもろもろの修多羅によつて、真偽を勘決して、外教邪偽の異執を教誡せば、……」（四一九）と、親鸞は「化身土文類」「外教釈」の筆を起こす。「外教釈　勘決邪偽」は、偈句の論理的展開と見てよい。曇鸞の回心は、名号のことわりの身証として「外教釈」の先取であろう。いかがわしいもろもろの宗教の発生のもとに、無病息災・現世利益を求める根絶し難いこころがある。「かなしきかなやこのごろの　和国の道俗みなともに　仏教の威儀をもととして　天地の鬼神を尊敬す」（六一八）は、時代を超えて私たちの足下を照らす。名号のことわりの現実化は、そういう腐敗温床の切除である。「むしろ如来において不善業をば起すとも、外道・邪見のものの所において供養を施作せざれ。なにをもつてのゆゑに。もし如来の所において不善業を起さば、まさに悔ゆる心ありて、究竟してかならず涅槃に至ることを得べし。外道の見に随ふは、まさに地獄・餓鬼・畜生に堕つべし」（七祖、一一五五―一一五六）とある。「それ、越前国にひろまるところの秘事法門といへることは、さらに仏法にてはなし、あさましき外道の法なり。これを信ずるものはながく無間地獄に沈むべき業にて、いたづらごとなり」（一一三〇）も、同じ意を説く。「背正帰邪」（六〇二）からあらゆる悪業がおこる。如来の法は時空を貫く真実、それゆえに「日々是好日」。「余道に事ふることを得ざれ、天を拝することを得ざれ、鬼神を祠ることを得ざれ、吉良日を視ることを得ざれ」（一〇九七）は、この当然の帰結であろう。「九十五種世をけがす　唯仏一道きよくます　菩提に出到してのみぞ　火宅の利益は自然なる」（六〇二）は、『偈』の隠れた意を探り名号のことわりを顕開する。

天親菩薩論註解
報土因果顕誓願
往還回向由他力
正定之因唯信心

曇鸞『往生論註』を俟たねば、天親『浄土論』の正意は顕彰されなかったであろう。「天親菩薩のみことをも　鸞師ときのべたまはずは　他力広大威徳の　心行いかでかさとらまし」(五八三)。ところで『往生論註』の論述は、きわめて深邃・簡潔、もし言えるならば、七祖中もっとも哲学的であるように思われる。親鸞は偏依善導の法然を超え、曇鸞・天親に遡った。『論』『論註』は、『教行信証』の思想的骨格を形成する。彼がいかに両師に傾倒したかは、親鸞という呼称そのものが何よりも雄弁に語るであろう。巨匠を貫く名号の歴史的展開と言わねばならぬ。『御俗姓』の「また本地をたづぬれば、弥陀如来の化身と号し、あるいは曇鸞大師の再誕ともいへり」(一二二一)に、名号のことわりの歴史的展開を見ることができる。

「報土因果顕誓願」。「如来の本願、称名に顕す」(四八七)「至心・信楽・欲生と　十方諸有をすすめてぞ　不思議の誓願あらはして　真実報土の因とする」(五六六)とあるように、称名・信心は誓願の現実化・実存化である。名号のことわりが現れて「報土因果」となる。したがって名号の現実化・実存化は、報土の因と果をつなぐ必然性の証明と言わねばならぬ。「願もつて力を成ず、力もつて願に就く。願徒然ならず、力虚設ならず。力・願あひ符ひて畢竟じて差はざるがゆゑに、『成就』といふ」(七祖、一三一)。これによってあきらかなように、「誓願」に「成就」を摂める。また、「『不虚作住持』とは、本法蔵菩薩の四十八願と、今日の阿弥陀如来の自在神力とによるなり」(七祖、一三一)は、誓願・称名が力の場であることを示す。本願名号は、「法蔵の大願業力」(五四五)と「正覚の阿弥陀法王の善力」(五四五)を一つに摂める。

報土因果は、生死因果と本質的関係に立つ。因果によって苦しむ衆生を救うには、そういうすがたを示さざるを得ない。因果を無視して救済は考えられぬ。名号は衆生の因果と相応せねばならないのである。しかし、生死因果は報土因果から無底の深淵を隔つかぎり、相応は同じ次元の並列・並存ではない。両者の直接合一は考えられぬ。誓願は報土因果と生死因果の切り結びとならざるを得ない。切り結びとは、両者の相互否定の相互肯定を言う。ところで全体が名号によって規定されるかぎり、生死因果はどこまでもそれ自身を貫徹することができぬ。むしろ切り結びは、生死因果のリアリティーが脱落、その虚妄性があらわになる場である。「往相の一心を発起するがゆゑに、……。すでに六趣・四生、因亡じ果滅す」(二五五)。すなわち報土因果は、生死因果を否定即肯定的に摂める。包摂は如来浄土の因果が衆生往生の因果になること、因果における両者の同一を意味する。「他力をたのみたてまつる悪人、もつとも往生の正因なり」(八三四)は、このことである。

生死因果の展開の場は時であるが、報土因果はそうではない。そこでは因と果の時間的な前後関係は考えられぬ。因果同時、つまり因中に果、果中に因を含む。五念門と五果門は、同時的に考えられなければならぬ。ところで報土因果と生死因果の同一とは、念仏者はどこまでも時のなかにありながら時の外にあり、どこまでも時の外にありながら時のなかにあることを意味する。念仏者は時における永遠、永遠における時を生きる。念仏は時と永遠の同一の証明である。「帰命無碍光如来」とは、そういうことであると思う。ゆえに生死の因果(流転)がなくなるのではない。むしろ因果(流転)の意味が変わる。苦悩の時がどこまでも苦悩の時でありながら、転法輪の時となる。

「往還回向由他力」。ここで往還二種回向が他力にまとめられていることに注目したい。「つつしんで浄土真宗を案ずるに、二種の回向あり。一つには往相、二つには還相なり」（一三五）に鑑みるに、往還二種回向が浄土真宗の骨格を構成する。そして二種回向が他力に摂まるかぎり、真宗は他力の一語に尽きる。「他力といふは如来の本願力なり」（一九〇）。これ、他力解釈の視座・北極星である。巷間、まま〝他人の褌で角力をとる、他人の力をあてにする〟というような意で「他力」が使われている。それは他力の誤解にとどまらず、浄土教の冒涜と言わねばならぬ。そういう他力は依頼心の別名、独立心の欠落にほかならぬ。通俗的な他力の理解は、自力に対するかぎり相対他力と言わねばならぬ。それは自力補完的である。いま相対他力を頼他主義とよべば、相対他力と自力は予想・前提し合う。そのかぎり相対他力は自力の立場を残す。その点、頼他主義と自力主義は共通の根をもつ。根は我意・我見。相対他力は、我意・我見による想念・表象にすぎず無力の別名と言える。その立場に立つかぎり、浄土は頼他主義の産んだ表象、臨終とともに浮華霧散するであろう。他力にあぐらをかくというか如来に甘えるというか、浄土教徒の頽落態がそこから発生する。禅が瞑想（Meditation）でないように、浄土教も依頼・有難感情でない。浄土への憧憬・思慕は、自己陶酔にすぎぬ。「不来迎」（一〇八八）は、そういう感傷・陶酔が断除された地平で言われる。頼他主義・依頼心において法執を、自力主義・自力執心において機執を語れば、法執・機執ともに抜けるのはまことに難しい。依頼心と自力執心は、真実信心・絶対他力に対する最も頑固な敵対者である。比喩的に言えば「聞法者」は、法座に自力のカーペットを敷いてその上に信心の花を咲かせたいと力む。そういうかたちで法座の真実を覆っている。翻って、信心開発とは自力のカーペットが剥ぎ取られ、法座の真実がまる出しになることである。他力は絶対他力、そのほかにない。絶対他力に直面するとき、相対的な自力・他力は意味を失いその虚しさを露呈するであろう。

「生死流転の本源をつなぐ自力の迷情」（九四四）。「雑行雑修自力のこころ」（一一二七）。「わがちからもさとりもいらぬ他力の願行をひさしく身にたもちながら、よしなき自力の執心にほだされて、むなしく流転の故郷にかへらんこと、かえすがえすもかなしかるべきことなり」（一三九九）。一読あきらかなように、これらの聖教は本願力の視圏に見える自力を語る。「一切苦悩の衆生海」（一三一二）は、「自力の執心」に由来するのである。そういう自力は、相対的な自力・他力をそのもとにおさめる我意・我見にほかならない。我意とは、自力・他力の対立を超える自己目的々な反逆意志と言わねばならぬ。「毒蛇・悪竜のごとくなり」（六〇一）は、反逆意志の深刻さを語る。こういう見方を背景に、ドストエフスキーのいう「人間は、神と悪魔の戦場である」も理解されるであろう。以上、自力が破られるということのほかに他力がないことはあきらかである。絶対他力の絶対他力たるゆえんは、自力を通して自力を否定するところにある。自力の突破は他力の全現にほかならぬ。仏道は自力否定に尽きる。修行成就は我意の否定・我見の脱落を言う。裏から言えば、自力が自力であるかぎり、自力を破ることを知らない。「雑行雑修自力のこころをふりすてて」（一一二七）は、自力からは出て来ぬ。刀が刀自身を切れないように、我意は我意を否定することができぬ。否定そのものが我意の籠絡するところだから。したがって自己自身との闘いとか自分が自分に克つとかいうのは、何の内容ももたぬ言表、美辞麗句以上でも以下でもない。

自力の否定は、超越の場を要求せざるを得ない。「三恒河沙の諸仏の　出世のみもとにありしとき　大菩提心おこせども　自力かなはで流転せり」（六〇三）「十方無量の諸仏の　証誠護念のみことにて　自力の大菩提心の　かなはぬほどはしりぬべし」（六〇七）によって、自力のつきる場は諸仏、諸仏の調熟お育てであろう。さらに言えば、「この光明はすなはち諸仏の智なり」（五四五）の光沢によって、それは弥陀如来である。以上、調熟とは向上でなく、下向の道に就かしめることでなければならぬ。理想主義的・向上的方向に仏智他力に接するのではない。卵の殻が割れて雛が生まれるように、自力を通して自力が割れる。「仏法には身をすてのぞみもとむる心より、信をば得ることなり」（一二九三）「百尺ノ竿頭ニ更一歩ヲ進ムベシ」[21]は、自己の尽きる端的を語るであろう。したがって「ただ仏法は聴聞にきはまることなり」（一二九二）は、聞きたいという自力の通ることでなく自力が取られるをいう。聞きたいを通してのみ聞きたいが取られる。人は自己を尽くして宗教に入る。「ゆるされてきく、信じてきく」（一四五、脚註）という左訓は、聴聞の全体が他力によることを教えるであろう。〝尽きる〟は本願力のひらく場、そのほかの何ものでもない。そういう絶対の局面の裏側は、否定態における絶対自力と呼ばるべきであろう。絶対他力とは絶対自力における自力性の脱落、自力の意味が変わることにほかならない。他力の現成と自力の撥無は、名号の「道理」（一一〇六）のあらわれとして同義と言わねばならぬ。

自力から他力に入り他力から自力に出る。絶対の他が絶対の自となる。有限から無限に入り無限から有限に出る。そういう有限は、既に有限でなく無限である。この入出・円環運動の全体が本願力の統べるところにほかならぬ。ゆえに回心は三百六〇度の転換、百八十度のそれではない。百八十度では還相が出て来ない。「もし人善本なければ、この経を聞くことを得ず。清浄に戒を有てるもの、いまし正法を聞くことを獲。……憍慢と弊と懈怠とは、もつてこの法を信ずること難し」（四六）「よろしくおのおのつとめて精進して、つとめてみづからこれを求むべし」（五四）は、さしあたり自力的に響くが本質は他力を説く。「当相自力　体他力」と言われる。「人事を尽くして天命を待つ」とはいうが、人事を尽くすこと自身が天命によるのである。自力は他力の莢。自力性の脱落は、莢が割れて実が跳び出すごときであろう。「わが心にまかせずして心を責めよ。仏法は心のつまる物かとおもへば、信心に御なぐさみ候ふと仰せられ候ふ」（一二四八）「しかれども、もはや弥陀如来をひとたびたのみまいらせて往生決定ののちなれば、懈怠おほくなることのあさましや。かかる懈怠おほくなるものなれども、御たすけは治定なり。ありがたやありがたやとよろこぶこころを、他力大行の催促なりと申すと仰せられ候ふなり」（一一三七―一一三八）。これらの法語に当為・精進へ転成せしめる他力を読みとるであろう。まさに自力に出た他力にほかならぬ。以上によって捨自即帰他 帰他即捨自における〝即〟が、本願力の統べる場なることはあきらか。「願力成就の報土には 自力の心行いたらねば 大小聖人みなながら 如来の弘誓に乗ずなり」（五九一）「像法のときの智人も 自力の諸教をさしおきて 時機相応の法なれば 念仏門にぞいりたまふ」（六〇五）は、〝即〟の場を讃じる。

〝即〟としての転換点は、自力・他力の分水嶺、そして絶対の光源である。そこで自力も他力も一挙にわかる。自力・他力を離れるところから、自力・他力が自覚される。〝即〟は自力と他力の相互証明の場と言える。絶対他力に、他力から自力を分かつ莢として反逆意志・謗法闡提が映る。他力の真義は、反逆意志・謗法闡提を摂するところに開かれる。「謗法・闡提回すればみな往く」（四八六）。逆に言えば、人間の知によって自力も他力もわからぬ。実体的な仏も自己もないように、自力も他力もないわけである。そこを才一は「一面他力」[22]と言った。ところで真宗は他力を正面に出すが、自力の契機はどこまでも生かされなければならないであろう。それをつきつめなければ、他力が現れないからである。因みに、禅は自力を正面に他力を裏に秘めると言えるであろう。

既述のごとく、自己・自力の尽きるとは無我をいう。ここに「三業帰命説」の誤りはあきらかであろう。説には自己が残っているから。翻って、頼他主義・相対他力も誤りである。それは「無帰命安心」とか「法体安心・法体募り」と言われ、「十劫秘事」（一一二六、取意）に通底する。帰命なしに安心はないから、それは「無帰命邪義」と言わるべきである。要するに、自力と他力の相対的対立の立場を離れないかぎり、機か法か自己か仏か、いずれかに偏るわけである。「願生帰命」は機に、「無帰命安心」は法に偏る。真理は機も法も離れた中道にある。

「それ真宗の教行信証を案ずれば、如来大悲回向の利益なり。ゆゑに、もしは因、もしは果、一事として阿弥陀如来の清浄願心の回向成就したまへるところにあらざることあることなし。因浄なるがゆゑに、果また浄なり、知るべしとなり」（三一二―三一三）。「『往還回向由他力　正定之因唯信心』といふは、往相・還相の二種の回向は、凡夫としてはさらにおこさざるものなり、ことごとく如来の他力よりおこさしめられたり。正定の因は信心をおこさしむるによれるものなりとなり」（一〇三三）。以上の聖教は、往還二回向ともに他力なるを説く。聞法・求道、宗教的要求の根元がここに開かれている。「於テ二自ノ善根ニ一不レ能ハレ生ズルヿ信ヲ、由テレ聞クニ二仏ノ名ヲ一起ス二信心ヲ一故ニ」（一、二一〇）は、宗教的要求が本願にかえされることを説き、その内在性を撥無する。宗教的アプリオリが考えられるべきならば、本願力のほかにはない。法語は仏道修行の超越構造を教えるであろう。

「往相・還相の回向に　まうあはぬ身となりにせば　流転輪廻もきはもなし　苦海の沈淪いかがせん」（六〇八）。「無始流転の苦をすてて　無上涅槃を期すること　如来二種の回向の　恩徳まことに謝しがたし」（六〇七）。以上の『和讃』は、往相回向はいうまでもなく還相回向を現生・此土で語る。「そのたのむこころといふは、すなはちこれ、阿弥陀仏の、八万四千の大光明のなかに摂取して、往還二種の回向を衆生にあたへましますこころなり」（一一七二）によっても、平生業成が還相を含んで成立することはあきらかである。還相を彼土・死後からのみ考えれば、これらの『和讃』『御文章』はとうてい理解できぬ。これによっても還相を考える時点が、他力が自力を破る一点、「信楽開発の時剋の極促」（二五〇）なることはあきらかである。「弥陀の回向成就して　往相・還相のふたつなり　これらの回向によりてこそ　心行ともにえしむなり」（五八四）は、二種回向が行信となること、証との統一における行信を讃じるであろう。すなわち、二種回向において此土と彼土、現生と来生の区別が意味を失う。「自利利他円満して　帰命方便巧荘厳　こころもことば

もたえたれば　不可思議尊を帰命せよ」（五六二）。「南無阿弥陀仏をとけるには　衆善海水のごとくなり　かの清浄の善身にえたり　ひとしく衆生に回向せん」（五五九）。「三朝浄土の大師等　哀愍摂受したまひて　真実信心すすめしめ　定聚のくらゐにいれしめよ」（六一〇）。「他力の信をえんひとは　仏恩報ぜんためにとて　如来二種の回向を　十方にひとしくひろむべし」（六一五）。上記の法文、行信において還相をひらき、往相・願作仏心の還相・度衆生心への転換を伝えるであろう。なお、「金剛の真心を獲得すれば、横に五趣八難の道を超え、かならず現生に十種の益を護」（二五一）の指南によっても、「常行大悲の益」（二五一）が還相の利益をいうことは疑いの余地がない。

「菩薩はかくのごとく五念門の行を修して自利利他す。速やかに阿耨多羅三藐三菩提を成就することを得るがゆゑなり」（七祖、一五四）。「菩薩の修行成就とは、四種は入の功徳を成就したまへり……第五は出の功徳を成就したまへり」（五四七）。さしあたり「入の功徳」は往相、「出の功徳」は還相と見るのが自然であろう。次に、「願力成就を五念と名づく、仏をしていはばよろしく利他といふべし。衆生をしていはばよろしく他利といふべし」（五四八）は、往還の全体を本願力に摂める。以上を受けて「入出二門を他力と名づく」（五四九）は、「往還回向由他力」と同義と言わねばならぬ。「回向文」も往還二回向に開いてみることができる。「願以此功徳　平等施一切　同発菩提心　往生安楽国」において、衆生済度に還来する悲心を読めば還相・「利他」、一切衆生の西へ向かうすがたを読めば往相・「他利」と言える。まさに「功徳は十方にみちたまふ」（六一七）、全世界の救済成就、絶対肯定のすがたである。「御法義聞かして貰らやあ、たった一つ変わることがあるがやあ。世界中のことが皆本当になっだいなあ[23]」。往還ともに存在するものの全体、つまり世界的開けにおいて説かれていること、二種回向の世界的性格が忘れられてはならぬ。『教行信証』総序「難思の弘誓は難度海を度する大船」（一三一）にも同じ事情を読み取ることができる。「大船」が浄土と娑婆を往還している。往相・還相は同じ一つの船の見方の相違にすぎぬ。娑婆から浄土へと見れば往相、浄土から娑婆へと見れば還相である。「しかれば、大悲の願船に乗じて光明の広海に浮かびぬれば……」（一八九）に往相を、「弥陀・観音・大勢至　大願のふねに乗じてぞ　生死のうみにうかみつつ　有情をよぼうてのせたまふ」（六〇九）に還相を読むことができるであろう。本願力は、衆生との関係において二種回向とならざるを得ない。

往還・願作仏心度衆生心・自利利他・他利利他の円融無礙の転換は、他力の開顕にほかならない。「南無阿弥陀仏の回向の　御徳広大不思議にて　往相回向の利益には　還相回向に回入せり」（六〇九）。「往相回向の大慈より　還相回向の大悲をう　如来の回向なかりせば　浄土の菩提はいかがせん」（六〇九）は、転換点の功徳を讃じる。「妙楽勝真心」（五四八）「利他真実の信心」（五八一）「浄土の大菩提心」（六〇三）「恩徳広大不思議」（六〇九）――いずれも転換の力動性をあらわす。自然の転換は、「弥陀智願の回向」（六〇四）転法輪そのものである。

無量寿無量光そのものは、二種回向を離れそこから往還が出て来る源泉である。「衆のために法蔵を開きて、広く功徳の宝を施せん」（三五）が、二種回向となる。だが、全功徳の施与にかかわらず、如来には増減がない。因みに、「往相回向の利益には」について「浄土に往生して仏果（仏のさとり）を証したことの利益として」（六〇九）という脚註は、利益を彼土・来生に局限、充分に意を尽くしていないと思う。なるほど往還の功徳の全現は浄土、娑婆では煩悩に障えられる。しかし絶対の功徳は時空を超え彼土・此土の制約を離れるから、転換の場が此土か彼土かと諍うのは、意味がない。ところで「『還相』とは、かの土に生じをはりて、奢摩他・毘婆舎那を得、方便力成就すれば、生死の稠林に回入して一切衆生を教化して、ともに仏道に向かふなり」（七祖、一〇七）「二つに還相の回向といふは、すなはちこれ利他教化地の益なり」（三一三）に鑑みるに、還相回向が彼土・真実証から説かれている。これについては、第四章で考える。さて、他力が二回向を摂するとは、時と永遠の総合としてあらゆる瞬間が往還の転換点なることを意味する。時から出て時に入る。時から出るは往相、時に入るは還相である。

「往還回向由他力」は、そういうかたちで時と永遠の同一ということである。それゆえに往相だけの往相、自利だけの自利、還相だけの還相、利他だけの利他はない。「自利によるがゆゑにすなはちよく利他す。これ自利することあたはずしてよく利他するにあらずと知るべしとなり。利他によるがゆゑにすなはちよく自利す。これ利他することあたはずしてよく自利するにはあらずと知るべしとなり」（七祖、一五三―一五四）。たとえば、「わがはらからにつたえつつ　みくにの旅を共にせん」（宗歌）には、往還二回向がともに出ている。以上、往相を今生に還相を来生におく一義的・一面的な解釈は、聖意に背くであろう。蛇足であろうが、本願力を開いて二種回向であるかぎり、還相の社会事業・慈善事業というような解釈が許されるはずがない。彼土と一つに此土がとらえられないと、還相と言っても世間的な解釈となる。「小慈小悲もなき身にて　有情利益はおもふまじ」（六一七）、さらに寛喜三年の夢の分析（八一五―八一七）は、そういう解釈の偽瞞性をあばくであろう。

次に往還の主体について考えたい。およそ往還するのは何人か。誰が往生し誰が還来するのか。「仏法には無我と仰せられ候ふ」（一二五八）に徴するに、普通の意味では往く人もなければ還る人もない。西洋哲学の主体概念がここにもちこまれてならないのは当然である。「個人」を前提する往還の解釈から、あらゆる混乱が生じる。つまり「安楽浄土にいたるひと　五濁悪世にかへりては　釈迦牟尼仏のごとくにて　利益衆生はきはもなし」（五六〇）「難思議往生を得る人、すなはち法性の常楽を証す」（四八八）における、「ひと、人」が問題になるわけである。「ひと、人」は、「機法一体の南無阿弥陀仏」（一一四七）といわれるその「機」にほかならない。次に「法性の常楽」に着目すると、「真実の証」（三〇七）との統一における信が説かれていることはあきらか。端的に語れば、「法性の常楽」「無上涅槃」が信になる。「仏智不思議を信ずれば　正定聚にこそ住しけれ」（六〇八）は、これを言う。それが「ひと、人」でなければならぬ。「この人はすなはち凡数の摂にあらず」（五五〇）の光沢を蒙って、絶対に人でないところを含んで「妙好上上人」（五五〇）と言われる。「最勝希有人」（五五〇）は、「天にあらず人にあらず。みな自然虚無の身、無極の体」（三七）と通底するであろう。主体という言葉を残すならば、無我の主体において往還が語られるのである。浄土真宗の教章・教義「阿弥陀如来の本願力によって信心をめぐまれ、念仏を申す人生を歩み、この世の縁が尽きるとき浄土に生れて仏となり、迷いの世に還って人々を教化する」は、無我の主体の開顕以外の何ものでもない。

「正定之因唯信心」。なぜ「唯信心」、唯名号・唯念仏・唯称名ではないのか。「不思議の仏智を信ずるを報土の因としたまへり」（六〇八）。「真実報土の正因を　二尊のみことにたまはりて」（六〇七）。「聖人一流の御勧化のおもむきは、信心をもつて本とせられ候ふ」（一一九六）。いずれも唯信独達の法門を語る。「真実信心」の一語に、親鸞思想の全体が摂まる。それだけにこの問いが緊急となろう。「この至心はすなはちこれ至徳の尊号をその体とせるなり」（二三二）によって、信心の本質が名号であることは疑いの余地がない。繰り返し述べたように、教の真理証明は行信である。名号は行じられ信じられなければならぬ。名号が客観的教法にとどまるかぎり、その真理はなお覆われている。ところで、「されば世間に沙汰するところの念仏といふは、ただ口にだにも南無阿弥陀仏ととなふれば、たすかるやうにみな人のおもへり。それはおぼつかなきことなり」（一一三七―一一三八）「ただ声に出して念仏ばかりをとなふるひとはおほやうなり、それは極楽には往生せず」（一一三九）に、唯念仏・唯称名の危険性を看取し得るであろう。危険は何処に潜んでいるのか。「本願の嘉号をもつておのれが善根とする」（四一二）は、念仏・称名にまで攀縁する我意を摘出する。称名さえも我執と絡み合い、その手を脱しないのである。「正定之因唯信心」には、この危険性を見こした配慮があろう。

「しかれば、弥陀如来は如より来生して、報・応・化、種々の身を示し現じたまふなり」（三〇七）に鑑みるに、名号は「如」の示現、「法性法身によりて方便法身を生ず」（七祖、一三九）における「方便法身」にほかならぬ。絶対にすがたかたちのないところから、すがたを現しかたちを示す。「こころもことばもたえた」（五六二）「心もよ言葉も遠くとゞか（ぬ）[24]」ところから、声が響き文字が現れる。声なき声を聞き、すがたなきすがたを見る――発声以前のところ、しかもそこから声となるところを「唯信心」と讃じられたのである。それが名号の真理開顕、名号が行信となることにほかならない。「釈迦・弥陀は慈悲の父母　種々に善巧方便し　われらが無上の信心を　発起せしめたまひけり」（五九一）「釈迦・弥陀の慈悲よりぞ　願作仏心はえしめたる」（六〇六）「真実報土の正因を　二尊のみことにたまわりて　正定聚に住すれば　かならず滅度をさとるなり」（六〇七）は、この謂いである。

惑染凡夫信心発
証知生死即涅槃
必至無量光明土
諸有衆生皆普化

第一句は、信心開発の場所を「惑染凡夫」として示す。意は、「われらごときの無善造悪の凡夫のうへにおいて、阿弥陀仏をたのみたてまつるこころ」（一一七二）に通じる。煩悩は心を惑わし汚染するから、「惑染」という。「惑染凡夫」は、「煩悩具足の凡夫」（八五三）の意である。私たちはつねに食とか性とか感性的なものにつき動かされ、感性的なものが優勢である。「ただ婬妖を念ひて、煩ひ胸のうちに満ち、愛欲交乱して坐起安からず。……酒に耽り、美きを嗜みて、飲食、度なし」（六六―六九）。感覚器官のはたらく対象は、色声香味触法と呼ばれる。感覚器官と対象、主観と客観の全体が「惑染」のもとにある。全体を制約するのが、無明・我意にほかならぬ。ところで、我見が自己。我見の地平のもとで世界が現前する。そして我見の脱落が信心であるかぎり、そういうかたちで自己・個がとらえられると言える。自己とは何か。解答へのヒントが第一句にある。

「証知生死即涅槃」。前句とのつながりに鑑みて、この句は信心の内容、名号のことわりの展開であることは疑いをいれぬ。「信心開発すればすなはち忍を獲、生死すなはち涅槃なりと証知す」（四八八）も同じ意を伝える。「かならず無上浄信の暁に至れば、三有生死の雲晴る、清浄無礙の光耀朗らかにして、一如法界の真身顕る」（四八六）。引用文中、「かならず」の語勢は強い、文全体を射程に摂める。さて、「暁」の一語、現在はやや明るくなったまだ夜があけていないをいうが、古くは夜があけようとする時・よあけ・あけがたを意味する。ゆえに「暁」を夜明け前と解すべきではない。「暁」は、信楽開発の瞬間を象徴するのである。これを受けて全文が、「無上浄信」の展開であることはあきらか。すなわち「証知」は、理性的アプローチではなく生死を賭けた対決を踏まえる。「証知」は、観想でなく実存である。「名号は　如来の御名と　思しに我往生の　すがたなりけり[25]」。前句は観想の立場を貶し、後句は実存の立場をあらわす。観想は汎神論に通じるであろう。『経』にのたまはく、『十方の無礙人、一道より生死を出づ』と。『一道』とは一無礙道なり。『無礙』とは、いはく、「生死すなはちこれ涅槃と知るなり。かくのごとき等の入不二の法門は、無礙の相なり」（七祖、一五五）。「入不二の法門」は、「相対的な対立をすべて超越した絶対の境地を示す教え」（七祖、一五五、脚註）「平等覚」（五五六）をいう。「無礙」は「あらゆる制約を脱する絶対的世界を語る。つまり「生死即涅槃」は、「念仏者は無礙の一道なり」（八三六）と同義である。

恵信尼消息にあるように、若き親鸞は「生死出づべき道」（八一二）を求めて苦闘した。「五濁悪世のわれらこそ　金剛の信心ばかりにて　ながく生死をすてはてて　自然の浄土にいたるなれ」（五九二）は、「生死出ずべき道」発見の慶びを謳う。もし課題を死後に残すならば、彼の苦闘はむくわれなかったことになろう。曇鸞・親鸞が「生死すなはちこれ涅槃と知る」を現生・此土で解釈していることは、諍う余地がない。「無礙道」によって、現生不退が定礎されるわけである。また、「煩悩具足と信知して　本願力に乗ずれば　すなはち穢身すてはてて　法性常楽証せしむ」（五九一）「悲願の信行えしむれば　生死すなわち涅槃なり」（五八四）も、「生死即涅槃」が行信の内容なることを讃じる。なお、「本願円頓一乗は　逆悪摂すと信知して　煩悩・菩提体無二と　すみやかにとくさとらしむ」（五八四）「無礙光の利益より　威徳広大の信をえて　かならず煩悩のこほりとけ　すなはち菩提のみづとなる」（五八五）の光沢を蒙って、「生死即涅槃」が「煩悩即菩提」と同義なることはあきらかである。このことは菩提心と逆対応する煩悩の世界性を意味する。「しかるに微塵界の有情、煩悩海に流転し、生死海を標没して……」（二四一）も同じ意を伝える。煩悩は、「自己」のなかに摂まらない。むしろ無始以来の悪業煩悩のなかに「自己」はある。

以上あきらかなように、「証知生死即涅槃」を来生・彼土の利益に局限すべき理由は何もない。局限は信心の絶対性を危うくするだけでない、生の根本にかかわる句の意義を問う地平を閉ざす。「証知生死即涅槃」はさしあたり生を貫く大きな課題として現れるから、句の領解を彼岸に限定するのは人生から課題・当為を奪うと言わなければならない。

「証知生死即涅槃」は、名号のことわりの領解にほかならぬ。名号の全体がそこに現れる。全体のほかに何もないから、すべてが句に摂まりそのなかに住む。すべてがそこから来てそこへ還る。『偈』に直面して生と死の常識的考え方の不毛性が、照らし出されるであろう。私たちは分析論理しか知らない、生と死を分けて考える。生きているかぎり死んでいない、死ねば生きていないという二者択一の論理である。私たちは生から死を見るという視圏しか知らない。死も生の視圏に取入れられるのである。例えば墓参・追善供養も、愛欲の視圏における故人との接点という以上の意味をもたぬ。死も民俗学的・文化的解釈の枠を出ないわけである。このことは生が生として死が死としてありのままに見えて来ないこと、真相が覆い隠されていることを意味する。生そのもの死そのものには、触れられていないのである。このようなかたちで生も死もごまかし続けられる。ところで、親鸞は「父母の孝養（ここでは追善供養のこと、脚註）のためとて、一返にても念仏申したること、いまだ候はず」（八三四）と語った。そこにいま述べた視圏を破る新しい見方が開かれている。「生をあきらめ死をあきらむるは、仏家一大事の因縁なり」（道元、「修証義」）とあるように、生死の大問題の解決が仏教である。これらの金言に照破されて、私たちは生きるということも死ぬということもわかっていない、生も不可得、死も不可得と言わざるを得ないであろう。

「生死即涅槃」において、生と死、生死と涅槃は分けられていない。生死を離れて涅槃はなく、涅槃を離れて生死はない。生死に対する涅槃もなければ、涅槃に対する生死もない。しかし留意せねばならないのは、迷いと別に涅槃はなく涅槃は迷いを離れないけれども、両者の混在・同居が説かれているのではないということである。「即」は生死と現れ涅槃と現れるその当体、生死と涅槃の一つなるところを語る。しかし、それは生死と涅槃の直接的同一、両者の融合を意味しない。もしそうならば、生死と涅槃が前提され二という痕跡を残すであろう。絶対の一が言わるべきならば、生死と涅槃の相互否定の相互肯定のほかにはない。「即」はそういう否定と肯定の転換の場を示す。そういう絶対的転換において生も生、死も死として如実に現成する。つまり生は生のなかから絶対に生でないところ、死は死のなかから絶対に死でないところ、生即不生死即不死を開いて来る。私たちの考えているような生も死もない。それらは表象にすぎぬ。「無生の生」（五八六）「無生の界」（七祖、一一六）、生死一如、生即死　死即生は、この間の消息を伝える。このことわりの現成、「見生の火、自然に滅する」（七祖、一一六）――それが句の真義でなければならぬ。

「大王、たとへば山谷の響きの声のごとし。愚痴の人はこれを実の声と謂へり、有智の人はそれ真にあらずと知れり。殺もまたかくのごとし。凡夫は実と謂へり、諸仏世尊はそれ真にあらずと知ろしめせり」（二八四）。「大王、それ衆生は出入の息に名づく。出入の息を断つ、ゆゑに名づけて殺とす。諸仏、俗に随ひて、また説きて殺とす」（二八六）。「大乗経論のなかに、処々に『衆生は畢竟無生にして虚空のごとし』と説けり」（七祖、五四）。経論は、実の生と死の無化・非実体化を説く、生と死の全体を絶対否定の照射のもとに措く。照射は、仏の言葉。それが「即」とあらわれる。ゆえに「生死即涅槃」の全体を涅槃と見ることもできるし、生死と見ることもできる。あるいは「生死即涅槃」としてのみ真の生死、真の涅槃である。「即」は、その絶対の一をあらわす。「霊山現土」（七四－七五）「凡夫の眼見に穢土世間の舎宅なれども、仏陀の照覧には浄土出世の舎宅なるべし」（五、二六八）は、この間の消息を伝えるであろう。以上、「生死即涅槃」は人間知の開くところではなく、その絶対否定と一つに成立する。偈句のあらゆる誤解は、この絶対否定を見失うところから来る。

理想主義は、現実と否定的にかかわり現実を理念によって基礎づけようとする。すなわち理想主義は、否定を通して理想の王国を目指す目的論と言える。そういうあり方において現象界・感性界の背後に叡知界・超感性界が考えられ、理想主義は二世界論と結びつく。しかし「惑染凡夫」の意義をあますところなく汲みとれば、理想主義とは別の視圏が開けるであろう。「惑染」、煩悩の深さはまるまる受けられなければならぬ。そうでなければ「生死即涅槃」の義は開顕されぬ。ところで『大経』「三毒段」は、愛欲と財欲を説き尽くすであろう。「五悪段」はそれを受けて、因果業報を説く。いずれも三世から人生を見ている。仏の言葉の照らすところ、煩悩はどうにもならぬと言わざるを得ない。そこに現実というものの重さが響く。まさに現実は動かせぬ。ということは、「惑染凡夫」の一語、理想主義的あり方を破るということ、向上的に延びる直線を横切ることを意味する。そこに竪超・竪出に対する「横超」(二五四、「断四流釈」)の地平が開かれる。「幻化の法」(六)「この世の始中終、まぼろしのごとくなる一期」(一二〇三)は、横超においてあらわになる感性界・経験界の虚無性を語るだろう。それとともに理想の王国、叡知界・超感性界が夢幻と化し、理想主義的・目的論的規定から、生が解放される。たとえば「行きさきむかひばかりみて、あしもとをみねば踏みかぶるべきなり」(一二九二)は、空虚な理想を追い求める危うさを誡めるであろう。絶対否定の照射が「理想」も「現実」も貫く。仏の言葉によって、解釈も変革もできない、理論も実践もとどかぬところに突き戻されるであろう。「惑染凡夫」の絶対否定的媒介と一つに、絶対の現実がそれとして開かれると言わねばならぬ。したがって「生死即涅槃」は、現実即絶対の義である。現実を離れた理想も理想を離れた現実もない。すなわち絶対否定は二世界論の撥無。現象界・感性界の背後に叡知界・超感性界があるのではない。世界は二つも三つもない。浄土は背後世界でなく、浄土教徒は背後世界論者ではない。本当にあると言えるのは、唯一の真実世界である。「生死即涅槃」は、それにほかならぬ。

さきに仏の言葉は、上下の方向に延びる線を横切ると語った。いま上方向に超越、下方向に内在を考えると、「横超」は超越と内在がそれぞれの方向に突破されたところが一つということである。絶対に内に入ることが絶対に外に出ること、絶対に外に出ることが絶対に内に入ることと言ってもよい。内即外　外即内として内も外もない。信心はそういうかたちで内外両方向に同時にひらかれる。「わが流に伝ふるところの義を内心にたくはへて、外相にそのいろをあらはさぬ」(一〇九六)の背景には、いま述べたように内外の対立を出たところがあると思う。そこから言えば、真理には惜しむということが本質的に属する。惜しむはよく伝えるためである。

それゆえに阿弥陀仏は、内にも外にも求められてはならない。「自性唯心に沈みて浄土の真証を貶す」(二〇九)「あしきこころをかへりみず」(七〇七)は、内、自己のなかに仏を求めることを誡める。自己反省・自己凝視の不毛性は、これによってもあきらかであろう。反省・凝視の背後に自己を残すかぎり、それは迷い。「定にあらず散にあらず、正観にあらず邪観にあらず」(二四五—二四六)とあるように、内省・内観は「大信海」(二四五)と何の関係もない。一般に、神や仏を自己内に求める内在主義は、根絶し難い病と言わねばならぬ。それは人間化というフィルターゆえに、自己から見た神仏にすぎぬ。翻って、「本願を信じ名号をとなふとも、よそなる仏の功徳とおもうて名号に功をいれなば、などか往生をとげざらんなんどおもはんは、かなしかるべきことなり」(一三八八)から、外へ向かう宗教的行為の不毛性が聞こえる。それらは我見の絡みつきを脱していない。カントが神の目的論的証明のリアリティーを抜き去ったように、阿弥陀仏はそういう方向に証明されぬ。そこでは浄土は憧憬となり、自己は厭世主義者となろう。要するに、内であれ外であれ対象的に仏を求めるのは、迷いと言わねばならぬ。その意味で阿弥陀仏はどこにもいない。同じことであるが、どこにもいる。仏に関して現在と不在が同時に言われ得る。このことは、あらゆる瞬間が不在と現在の転換点であること、転換が仏を証明することを意味する。神の遍在というもそういうことであると思う。内在において自己を超越において仏を考えると、両方向の突破は仏からも自己からも離れることにほかならない。「生死のなかに仏なければ、生死にまどはず[26]」は、仏からの自由を説く。仏も自己も、法も機もない。「我法二空」「空・無相」(六)とはこの謂い。すなわち横超はいわば「浄土」を突き抜けて、〃いまここ〃に還ることを含意する。目的論の否定的突破、「理想」の止揚にほかならぬ。「衆生往生の果」(四八—五三)も

「横超」を離れて考えられぬ。両方向の突破は娑婆に死ぬのみならず浄土にも死ぬこと。両面の死を含んで、それは絶対の死と言える。絶対の死と一つに〝いまここ〟が開かれる。〝いまここ〟の世界は、絶対現実即理想と言わるべきであろう。「生死即涅槃」は、絶対現実即理想の義である。それを受けて仏教は、すぐれた意味における理想主義と言える。すぐれた意味とは、現実と一つの理想、現実のほかに求むべき何ものも未来に待つべき何ものもないところ「無願三昧」(六)をいう。「無願三昧」において「無上正真道の意を発す」(一一)「無上正覚の心を発せり」(一三)ということがある。これを裏から言うと、人間は現実を現実として認識することができず、期待という幻想に逃れそれを理想というわけである。あるいは、計算の世界に汲み上げてそれを「現実」という。すなわち「現実」というも蓋然性のほかにはない。そういうかたちで自己が見失われる。

　絶対現実即理想は、絶対肯定の世界〝ありのままそのまま〟をいう。「当流聖人のすすめまします安心といふは、なにのやうもなく、まづわが身のあさましき罪のふかきことをばうちすてて……」(一二〇五)「原ぬるに夫れ、道本円通、争でか修証を仮らん、宗乗自在、何ぞ功夫を費やさん[27]」は、真理全現の端的、絶対肯定の世界を伝えるであろう。「衆生の三業と仏の三業と一体になるところ」(一一四七)「機法一体」は、仏から見て〝よし〟衆生から見て〝よし〟の世界を語る。そういうかたちでいつでもどこでも仏に遭ういつでもどこでも自己に遭う。行住坐臥が名号の真理証明、一挙足一投足が絶対的行為となる。日月星辰、山河大地、一木一草にいたるまでおのがじし輝く。一塵も真実も離れぬ。ありとしあるもの生きとし生けるものは、名号においてある。名号は万有のあり場所にほかならぬ。「この光明のうちにすむ身」(一一二四)とはその謂い。すなわち「生死即涅槃」は、自己の居場所を現す。もちろん閉鎖的個としての自己ではなく、一即一切一切即一の名号の論理の身証としての自己である。そこに万有在神論・無世界論と通じるところがあろう。

背後世界はなく〝いまここ〟につき戻されるということは、現象即絶対を意味する。それゆえに信心が、特別な時・場所での体験でないことはあきらかである。「平生業成」とはこれをいう。「日にそへて　さきぞまされる　にはの梅匂にふかき　あさぼらけかな[28]」。和歌は「にはの梅」において「六字のすがた」（一一八六）を詠む。「すがた」とは阿弥陀仏の阿弥陀仏としての示現にほかならぬ。蓮如が「にはの梅を」見るという視点は脱落、見る蓮如もなければ見られる梅もない。そういうかたちで、見るが見るとして梅が梅として実相を現す。「このもろもろの鳥、昼夜六時に和雅の音を出す」（一一二三）は、聞としての実相の開示であろう。さらに言えば、どのような意識現象も称名念仏を離れぬ。「この諸仏の所説の名および経の名を聞かんもの……みな阿耨多羅三藐三菩提を退転せざることを得ん」（一二七）と説かれるように、世界に満ちる声は「みなこれ阿弥陀仏、法音を宣流せしめんと欲して、変化してなしたまふところ」（一一二三）、往生不退の証誠と言わねばならぬ。すなわち現象のほかに本質はなく、現象に本質が現れる。現象において色を本質において空を語れば、色のほかに空はなく空のほかに色はない。空即有　有即空とは、その謂い。「仏国土の荘厳功徳成就」（七祖、一一〇）「仏の荘厳功徳成就」（七祖、一一七）は、空から有に出たすがた。「浄土の有、微」（七祖、七〇）と言われる。「黄石のなかに金の性あり、白石のなかに銀の性あるがごとく、かくのごとく一切世間の法のなかに、みな涅槃の性あり」（七祖、九〇七）は、現象において本質を説くと思われる。光寿二無量に本質・体も現象・すがたも摂まる。

「生死即涅槃」において「生死」がなくなるのではない、その意味が転じられるのである。すなわち「衆のために法蔵を開きて、広く功徳の宝を施せん」（二五）の現実化、「同発菩提心」としての生死となる。我見・身見の実現としての世界が、如来転法輪の場となる。「この生死は、すなはち仏の御いのちなり、これをいとひすてんとすれば、すなはち仏の御いのちをうしなはんとするなり[29]」にあきらかなように、「生死」が積極的・創造的な意味を現わす。「わが行、精進にして、忍びてつひに悔いじ」（一一三）の現実化として、生死が無限の精進・絶対の当為の場となる。以上、「生死即涅槃」は、存在と当為の統一として「人生何を為すべきか」に基礎を置くであろう。なるほど「厭離穢土　欣求浄土」は浄土教の大枠であるけれども、それが現実即絶対へと止揚されると言ってもよい。それによって仏教は厭世主義・虚無主義ではなく、むしろその超克である。ニヒリズムを根本的・全面的に超えるのは、仏教のみと言わなければならぬ。したがって「惑染凡夫信心発」は、正面から自殺を否定する視野の開顕でもある。それを忘れると自殺に否を言うためには、社会的平面へ迂回せねばならないだろう。自殺の本質への洞察が欠落しているかぎり、そこからの発言は何の説得にもならぬ。「先生より定まれるところの死期をいそがんも、かへりておろかにまどひぬるかともおもひはんべるなり」（一一六四）に、この間の消息を読みとるべきであろう。

だが、「厭離穢土　欣求浄土」という枠組みの突破は、かならずしもその無意味化ではない。むしろその深い意味が突破のなかから開かれて来ると思う。既述のように「生死即涅槃」「煩悩即菩提」は、両者の直接無媒介の融合・同一をいうのではない。両者の間には分裂と距離が開かれ、しかもそれはこの世の続くかぎり残る。「即」はそれをふまえた動的緊張関係を現わす。このことは「生死即涅槃」が、一義的解釈を許さないことと一義のなかから二義を開くことを意味する。徹底的に二義的であるとともに徹底的に一義的。どちらを見失っても親鸞の真意に悖るであろう。親鸞は「生死即涅槃」をあるときは此土で、あるときは彼土で語る。「生死即涅槃」のことわりそのものが、その利益が此土か浄土かという問いの根拠を抜くのである。「かならず安楽国に往生を得れば、生死すなはちこれ大涅槃なり、すなはち易行道なり、他力を名づく」（五五〇）。「惑染の衆生、ここにして性を見ることあたはず、煩悩に覆はるるがゆゑに。……安楽国に到れば、すなはちかならず仏性を顕す。本願力の回向によるがゆゑに」（三七一）。これ、「生死即涅槃」を彼土で語る。「必顕仏性」は、彼土の益である。「平等心をうるときを、一子地となづけたり　一子地は仏性なり　安養にいたりてさとるべし」(五七三)「如来すなはち涅槃なり　涅槃を仏性となづけたり　凡地にしてはさとられず　安養にいたりて証すべし」(五七三)も、同じ消息を伝える。「この身をもつてさとりをひらくと候ふなるひとは、釈尊のごとく、種々の応化の身をも現じ、三十二相・八十随形好をも具足して、説法利益候ふにや。これをこそ、今生にさとりをひらく本とは申し候へ。……『浄土真宗には、今生に本願を信じて、かの土にしてさとりをばひらくとならひ候ふぞ』とこそ、故聖人(親鸞)の仰せには候ひしか」(八四七―八四八)。『歎異抄』は、あきらかにどうしようもない人間存在の限界を語る。「問。生死即是レ涅槃ノ証者約二ス深悟ノ機一ニ、惑染ノ凡夫縦ヒ発二ストモ信心一ヲ、争デカ得二ン其証一ヲ、随テ而今ノ教ニハ不レ明二サ無相離念之義一ヲ、煩悩・菩提不二ノ悟、何ヲ以テカ関レカラン之ニ。答。非レズ云三ニハ凡夫直ニ証二スト此ノ理一ヲ、而ニ今ノ名号ハ万徳ノ所帰、仏果ノ功徳ナリ、能信ノ信心又起二ル他力一ヨリ、更ニ非二ズ凡夫自力ノ心行一ニ、是ノ故ニ発レメ信ヲ称二スレバ其ノ名号一ヲ、雖レ為二ト不断煩悩ノ悪機一、依二テ法ノ功能一ニ備二ス此理一ヲ也」(二、二七一)にもこの義を看取することが出来る。「即」の真理の全現は、「臨終一念の夕」(二一六四)をまたねばならないのである。「生死即涅槃」を彼土の利益とする解釈には、深い理由があると言わねばならぬ。句の領解にかかわるこの二義性を忘れると、浄土教は浄土教でなくなるであろう。

「必至無量光明土」の「必至」は、正定と滅度をつなぐ必然性をあらわす。「もし生ぜずば、正覚を取らじ」(一八)「かの国に生れんと願ずれば、すなわち往生を得、不退転に往せん」(四一)とあるように、名号のことわりを開いて「必至」、必然性は本願力以外の何ものでもない。すなわち「成等覚証大涅槃　必至滅度願成就」にあきらかなように、「必至」は必至滅度の願・第十一願から来る。

「諸有衆生皆普化」。この句は「無量光明土」の自然のはたらきを讃じる。「願作仏の心はこれ　度衆生のこころなり　度衆生の心はこれ　利他真実の信心なり」(五八一)とあるように、自然は自利利他の自在の転成にほかならぬ。「生死即涅槃」の真理の全現として涅槃の積極性・創造性は、そのまま未来永劫の利他の大活動となる。

道綽決聖道難証
唯明浄土可通入
万善自力貶勤修
円満徳号勧専称

第一・第三句は聖道・自力の廃を、第二・第四句は浄土・徳号の立を説く。四句全体から廃立が響く。もちろん、廃も立もそれぞれ別ではない。絶対に一つなるものがひらかれて廃立となる。廃も立も名号にそのもとをもち合う。龍樹の難行・易行、曇鸞の自力・他力の決判と同じものが、聖道・浄土のそれとしてここで開説されたわけである。それゆえに聖道・浄土は、平面的・並列的に考えられてはならない。二門を前にする択一の場が、人間に残されているのではない。

道綽は、玄中寺の曇鸞の碑文を見て浄土門に帰したと伝えられる。曇鸞から道綽への伝承である。「本師道綽大師は　涅槃の広業さしおきて　本願他力をたのみつつ　五濁の群生すすめしむ」（五八八）「本師道綽禅師は　聖道万行さしおきて　唯有浄土一門を　通入すべきみちととく」（五八八）は、廃立を語る。それは道綽の歩んだ道に違いないが、道綽個人の開鑿ではない。禅師における名号の自覚展開、名号のことわりの実現である。歩みにおける両者、両者における歩みと言われなければならない。

「もし声聞地、および辟支仏地に堕するは、これを菩薩の死と名づく。もし地獄に堕するも、かくのごとき畏れを生ぜず。もし二乗地に堕すれば、すなはち大怖畏となす」（七祖、三）「菩薩、七地のなかにして大寂滅を得れば、上に諸仏の求むべきを見ず、下に衆生の度すべきを見ず、仏道を捨てて実際を証せんと欲す。その時に、もし十方の諸仏の神力加勧を得ずは、すなはち滅度して二乗と異なけん。菩薩もし安楽に往生して阿弥陀仏を見たてまつるに、すなはちこの難なけん」（三二五―三二六）は、自己が自己にのみかかわる個・自力の立場の限界を説くとともに、それから出る道を示唆するであろう。ところで個は自己閉鎖においてあるかぎり、閉鎖から出ようとするそのことが籠絡のなかにある。「ただおのが利を成ぜんがためにする」（七祖、五）は、以上の消息を伝えるであろう。自己閉鎖も籠絡も我意・自愛にほかならないから、それは人間に横たわるどうしようもない岩盤と言わねばならぬ。「聖道の諸教は行証ひさしく廃れ……」（四七二）「釈迦の教法ましませど　修すべき有情なきゆゑに　さとりうるもの末法に　一人もあらじとときたまふ」（六〇九）「末法五濁の衆生は　聖道の修行せしむとも　ひとりも証をえじとこそ　教主世尊はときたまへ」（五八八）は、まさにこの岩盤を語ると思われる。また、「たとへば四十里の氷に、もし一人ありて一升の熱湯をもつてこれに投るれば、当時は氷滅ずるに似たれども、夜を経て明に至れば、すなはち余のものよりも高きがごとし。凡夫のここにありて発心して、苦を救はんとするもまたかくのごとし」（七祖、八八四―八八五）は、聖道自力の限界を説く。「歴劫迂回の菩提心、自力の金剛心」（二四六）・聖道の菩提心は、内在的、自己閉鎖のなかの道心と言える。すなわち自力向上的努力をどれほどつみ重ねても、仏果にいたらぬ。有限から無限への道はない。人間主義・文化主義もこの制約のもとにある。要するに、人間の根本問題はヒューマニズムによって支えられぬ。ここに内在主義の破綻はあきらかであろう。

「当流のなかにおいて、諸法・諸宗を誹謗することあるべからず。いづれも釈迦一代の説教なれば、如説に修行せばその益あるべし」（一一一二）「このゆゑに一切の聖教といふも、ただ南無阿弥陀仏の六字を信ぜしめんがためなりといふこころなりとおもふべきものなり」（一一九六）。以上、名号は聖道諸宗・仏教全体をも包摂することは、あきらかである。それゆえに聖道から浄土へは、名号における道であることに変わりはない。邪定聚は、「広げれば聖道の行者もおさめる」（一四九〇、巻末註）。聖道・浄土を張り渡す名号に導かれて、「自力聖道の菩提心　こころもことばもおよばれず」（六〇三）「聖道権化の方便に　衆生ひさしくとどまりて　諸有に流転の身とぞなる　悲願の一乗帰命せよ」（五六九）の法語が成り立つ。「いまのごときの諸仏にすてられたる末代不善の凡夫、五障・三従の女人」（一二一〇）「恒沙塵数の如来は　万行の少善きらひつつ　名号不思議の信心を　ひとしくひとへにすすめしむ」（五七一）に鑑みるに、以上の法語は自力修行の限界・有限性の自覚の場が弥陀名号であることを説く。それゆえに「道綽和尚、解釈していはく、『月蔵経』にのたまはく、わが末法に、行を起し道を修せんに、一切の衆、いまだ一人も獲得するものあらじと。ここにありて心を起して行を立つるは、すなはちこれ聖道なり、自力と名づく。当今は末法にしてこれ五濁なり。ただ浄土のみありて通入すべしと」（五四九）は、道綽の解釈であるとともに名号の自覚にほかならぬ。「万善自力貶勤修　円満徳号勧専修」は、名号に摂まる。名号の実存化として前句は自己の否定、後句はその肯定である。絶対否定と絶対肯定が自己を廻る。同じことであるが、自己が絶対の否定と肯定を廻る。「貶」と「勧」がその回転を語るであろう。雑修から専修に転じるわけである。否定は「万善自力」、肯定は「円満徳号」。否定即肯定的に両者が名号に摂まるかぎり、聖道浄土の一切の功徳を集めて「円満徳号」とほめられる。

三不三信誨慇懃
像末法滅同悲引
一生造悪値弘誓

「三不信」と「三信」を一つにひっくるめて、「三不三信」と置かれている。「三不信」は「三信」の頽落態、「三信」に照らし出される影と言ってもよい。「三信」とは淳心・一心・相続心、「三不信」とはその反対をいう。さしあたり「三信」と「三不信」は、対立緊張関係に立つ。曇鸞は「しかるに名を称し憶念すれども、無明なほありて所願を満てざるものあり」（七祖、一〇三）とまず疑念を呈し、以下これに明快な解明を示す。道綽は曇鸞の釈を詳述、彼への深い傾倒がうかがえる。曇鸞─道綽の線が、そのまま『偈』に流れているわけである。いま、『安楽集』から当該の箇所を引用する。「また問ひていはく、もし人ただ弥陀の名号を称念すれば、よく十方の衆生の無明の黒闇を除きて往生を得といはば、しかるに衆生ありて名を称し憶念すれども、無明なほありて所願を満てざるはなんの意ぞ。答へていはく、如実修行せず、名義と相応せざるによるがゆゑなり。所以はいかん。いはく、如来はこれ実相身、これ為物身なりと知らず。また三種の不相応あり。一には信心淳からず、存ぜるがごとく亡ぜるがごとくなるがゆゑなり。二には信心一ならず、いはく決定なきがゆゑなり。三には信心相続せず、いはく、余念間つるがゆゑなり。たがひにあひ収摂す。もしよく相続すればすなはちこれ一心なり。ただよく一心なれば、すなはちこれ淳心なり。この三心を具してもし生ぜずといはば、この処あることなからん」（七祖、二二二）。なお、親鸞は「曇鸞讃」五首（五八六―五八七）でこの意を謡っている。

あきらかに「如実修行」「名義相応」によって「三不信」と「三信」は、判別される。「如実修行」「名義相応」を「真実信心」で受けて、「真実信心えざるをば　一心かけぬとをしへたり　一心かけたるひとはみな　三信具せずとおもふべし」（五九二）は、見事な裁断である。名号を開いて「三信」、名号の真理証明によって「如実修行」「名義相応」「語るところ語のごとく」（七二）と言われる。翻って「三不信」は、「不如実修行」「名義不相応」にほかならぬ。それゆえに「三不信」は、つねにその真理性を問われる。邪定聚・不定聚はそういう問いの前に立たしめられ、不安のなかに浮動する。

「如実修行」「名義相応」において、実相身・為物身と知るということがある。「三不信」には、そういう自覚が欠ける。無知・無明が「三不信」を覆い、「三不信」は無明に収斂すると思う。「三不信」は「三信」から無限の深淵によって隔てられ、両者は絶対に異質的である。そのかぎり「三不信」から「三信」への連続的な移行は考えられない。離隔は仏の方からのみ超えられる。「為物身とは『物』（衆生のこと）のために利益をほどこす利他円満の身である」（七祖、一三九一、補註）の自覚は、隔離を超えることにほかならない。すなわち、「為物身」において絶対に異質的なものの同一の場が開かれる。異質的なものの同一は、質的弁証法と言われる。「為物身」の論理は質的弁証法である。「為物身」において「三不信」が「三信」に転成され、弁証法のリズムとなる。「不」は、リズムとしての絶対否定的媒介をあらわす。

「像末法滅同悲引」。正像末史観とは、宗教的資質にかかわる下降の歴史観を言う。「正像末の三時」（六〇二）から二時を取り出して「像末」。「法滅」は「当来の世に経道滅尽せん」（八二）を受け、時代下降・宗教的資質腐敗の最果てを語る。「造悪このむわが弟子の　邪見放逸さかりにて　末世にわが法破すべしと『蓮華面経』にときたまふ」（六〇七）。現代は、末法を通りこした「法滅」のような気がしてならぬ。「同悲引」は、歴史を垂直に切る本願力の超時代性を説く。「正像末の三時には　弥陀の本願ひろまれり」（六〇一）「像末五濁の世となりて　釈迦の遺教かくれしむ　弥陀の悲願ひろまりて　念仏往生さかりなり」（六〇二）から、名号の永遠不滅が聞こえる。「特にこの経を留めて止住すること百歳せん」（八二）の「百歳」を、聖典は「満数の意。いつまでもということ」（八二、脚註）と解釈、「百歳」に永遠を読む。名号は、時代・歴史を含んでそれを超え、時代によって規定されぬ。本願力は永遠に一切衆生を浄土に引接、はたらきの止むことがない。絶対的視点では恒に正法、正像末史観は相対的史観と言える。

「悲引」の「悲」は、「大悲」の「悲」をいう。「悪道に下り入りて累世に勤苦す。そのなかに展転して数千億劫も出づる期あるべからず。痛みいふべからず、はなはだ哀愍すべし」（五八）とあるように、「大悲」に一切衆生の悲哀・苦悩が映る。「衆生病むがゆえに、われ病む」、応病の「大悲」である。如来の悲しみをわが身にひきあてて、「悲歎述懐」（六一七）「如来の遺弟悲泣せよ」（六〇〇）「かなしきかなや」（六一八）となった。句は大慈・大悲のあらわれるすがたにほかならぬ。

「一生造悪値弘誓　至安養界証妙果」。「一生造悪」は、「値弘誓」にもかかわらず臨終にいたるまで避けられない悪業煩悩をいう。信後の生も「欲もおほく、いかり、はらだち、そねみ、ねたむこころおほくひまなくして、臨終の一念にいたるまで、とどまらず、きえず、たえず」（六九三）から逃れられない。「一生造悪」は、反逆意志の相続と言ってもよい。しかし悲心は、反逆意志を反逆意志と認めぬ。どのような悪も悲心を破れぬ。反逆意志の非化、「不断光仏」の照用として非化が反復される。そういうかたちで「値弘誓」が、宗教的生を根本的に規定する。「諸仏の証誠における生」（二一七、証誠段）とはそれをいう。このことは「値弘誓」が時における出来事ではないこと、「三信」は永遠の瞬間にほかならぬことを意味する。以上、「一生造悪値弘誓　至安養界証妙果」は、「値弘誓」の絶対性を讃じる。この両句、人生の全体を射程に摂し、一生は「不断光仏」（二一九）に収まる。そういう祝福された生は、もちろん此土と彼土、娑婆と浄土を一つに貫く弘誓に根源する。

善導独明仏正意

矜哀定散与逆悪
光明名号顕因縁

初句の「独明」は、当時の学匠たちを視野にした言葉、もちろん七高僧にかかわるのではない。『観経疏』をまたなければ、「仏正意」は顕彰されなかったということである。「如来の智慧海は、深広にして涯底なし。二乗の測るところにあらず。ただ仏のみ独りあきらかに了りたまへり」(四七)と説かれるように、「仏正意」は仏によってのみ明らかにされる。つまり親鸞は、善導において仏を見ている。「大心海より化してこそ善導和尚とおはしけれ」(五八九)。「大心海」は「徳号列示」(五五六)の随一、名号の徳—「名号を功徳蔵とまうすなり。よろづの善根を集めたるによりてなり」(五九〇)—を顕す。「世々に善導いでたまひ　法照・少康としめしつつ」(五八九)に鑑みて、伝承の場が名号なることはあきらか。善導における名号の徳の開示が初句。名号による名号の自覚としての「独明仏正意」と言える。

「矜哀定散与逆悪」。「矜哀」は、「定散」と「逆悪」の両者にかかる。本願に直面するとき、両者の区別、相対的な善悪は意味を失う。「やや、願はくは世尊、わがために広く憂悩なき処を説きたまへ。われまさに往生すべし。閻浮提の濁悪の世をば楽はざるなり。この濁悪の処は地獄・餓鬼・畜生盈満し、不善の聚多し。願はくは、われ未来に悪の声を聞かじ、悪人を見じ。いま世尊に向かひて、五体を地に投げ、哀れみを求めて懺悔す。やや、願はくは仏日、われに教えて清浄業処を観ぜしめたまへ」(九〇)。以上、釈尊に韋提希は定善を請うている。

「かの国に生ぜんと欲はんものは、まさに三福を修すべし。一つには父母に孝養し、師長に奉事し、慈心にして殺さず、十善業を修す。二つには三帰を受持し、衆戒を具足し、威儀を犯さず。三つには菩提心を発し、深く因果を信じ、大乗を読誦し、行者を勧進す。かくのごときの三事を名づけて浄業とす」（九二）。善導は、これを次のように釈する。「『欲生彼国者』より下『名為浄業』に至るこのかたは、まさしく勧めて三福の行を修せしむことを明かす。これ一切衆生の機に二種あり。一つには定、二つには散なり。もし定行によれば、すなはち生を摂するに尽きず。ここをもつて如来方便して三福を顕開して、もって散動の根機に応じたまふことを明かす」（七祖、三八一）。定散二善は、すべての善を摂する。善悪の問題が生の根本に関係するかぎり、定散二善・「他力のなかの自力の菩提心」（二四八）は、宗教的要求に応えようとするすぐれたあり方と言える。人間の立場にとどまるかぎり、これ以上のものは考えられぬ。しかし生の根本問題は、定散二善で背負うべくあまりにも重い。凡夫は日想観・初観すらできぬ。また、「すでに父母あればすなはち大恩あり」（七祖、三八一）に鑑みて、親の恩は報ずべくあまりにも重い。「しかるに常没の凡愚　定心修しがたし、息慮凝心のゆゑに散心行じがたし、廃悪修善のゆゑに」（三九三）「予ごときは、さきの要門にたゑず」（四、一三二）は、定散二善に対する決定的な解答であろう。いま、大雑把に定善に哲学を散善に倫理を解するならば、哲学も倫理も生の深い要求に答えられぬ。そして哲学も倫理も人間理性に依存するかぎり、以上は人間の本質問題に関する理性の立場の破綻を意味する。

法然・親鸞の教示は、定散二善を貫く絶対否定性である。それは「舎利弗、少善根福徳の因縁をもつてかの国に生ずることを得べからず」（一二四）と展開される。聖道門から浄土要真二門を絶対否定のひとすじの道が貫く。この道から「機の真実」（一二〇）「なんじはこれ凡夫なり。心想羸劣にして……」（九三）「下品下生」（一一五）が折出される。また、「下品中生」（一一四）は説教布教にしのびこむ我執、「小慈小悲もなけれども　名利に人師をこのむなり」（六二二）をあばき出すであろう。指導者意識の落ちこむ陥穽である。「しかるに菩提心について二種あり。一つには竪、二つには横なり。……また横についてまた二種なり。一つには横超、二つには横出なり。横出とは、正雑・定散、他力のなかの自力の菩提心なり」（二四六）「三輩往生」（四一―四二）「菩提心……無上菩提の心」（四一、四二、四三）も、前述の文脈で読み取られるべきであろう。

「極楽の九品は弥陀の本願にあらず、四十八願の中になし、これは釈尊の巧言（カマヘタマフミコトナリ）」（四、二一四）。「諸機はもとすなはち三三の品なれども　いまは一二の殊異なし」（五四五）。これらの聖語によって、本願において散善が意味を失うことはあきらか。「自力作善のひとは、ひとへに他力をたのむこころかけたるあひだ、弥陀の本願にあらず」（八三三）は、定散二善の無根拠性をあらわす。定善に耐えぬもののために、散善が開かれた。しかし、九品は「下下品」に落ちこむ。『観経』の定散の諸機は、極重悪人、ただ弥陀を称せよと勧励したまへるなり。濁世の道俗、よくみづからおのれが能を思量せよとなり」（三八一）。つまり定散二善を通して自己を知るという視圏が開かれる。その視圏は弘願への道標である。「よてひとへに弘願を憑也」（四、二三二）「定善は観を示す縁なり。散善は行を顕す縁なり」（三八八）に、定散二善から他力行信への必然性が現れている。「なんじよくこの語を持て。この語を持てといふは、すなはちこれ無量寿仏の名を持てとなり」（二一七）「上来定散両門の益を説くといへども、仏の本願に望むるに、意、衆生をして一向にもつぱら弥陀仏の名を称せしむるにあり」（七祖、五〇〇）は、定散を貫く否定のいきついた開示であろう。「定散諸機各別の　自力の三心ひるがへし　如来利他の信心に　通入せんとねがふべし」（五七〇）「善導大師証をこひ　定散二心をひるがえし貪瞋二河の譬喩をとき　弘願の信心守護せしむ」（五九〇）は、「自力の三心」「定散二心」から他力信心への転成を命じる。

さて、「矜哀」は絶対的視野を開き保つ。視野は「定散」と「逆悪」の全体をそのもとに摂む。これ以上の開けは考えられない。定と散の区別、定中散中の階位が意味を失うだけでなく、およそ善悪の差別が無化されるから。視野は宗教と非宗教の間を張り渡す。それは「惑染・逆悪……謗法・闡提」（四八六）「無人空迴の沢」（二二五）「無仏の広野[30]」、非宗教・ニヒリズムの荒野をそのなかに摂める。「本願毀滅のともがらは　生盲闡提となづけたり　大地微塵劫をへて　ながく三塗にしづむなり」（五九三）「念仏誹謗の有情は　阿鼻地獄に堕罪して　八万劫中大苦悩　ひまなくうくとぞときたまふ」（六〇七）は、宗教と非宗教の間に開かれる深淵であろう。それは大悲胸中に映る反逆意志と言わざるを得ない。「大光明を奮つて、魔をしてこれを知らしむ。魔、官属を率ゐて、来りて逼め試みる」（五）の「魔」は、反逆意志を象徴すると思う。すなわち「矜哀」は、そのなかに「難化の三機、難治の三病」（二九五―二九六）を摂む。「三機、三病」は、善悪の彼岸に立つ。しかし「観見諸仏浄土因　国土人天之善悪」をふまえるかぎり、「矜哀」は善悪の分別を通ってそれを超えると言わねばならぬ。善悪を忘れるならば、空見・悪取空となる。「しかれば、本願を信ぜんには、他の善も要にあらず。念仏にまさるべき善なきゆゑに。悪をもおそるべからず、弥陀の本願をさまたぐるほどの悪なきゆゑに」（八三二）は、善悪の区別を通って開けるその彼岸を語るであろう。

ゆえに悲心との接点は、「難化の三機、難治の三病」・反逆意志の自覚のほかにない。だが、本願に対して閉じたもの、救済を拒絶するものがほかならぬ自己であるかぎり、この自覚は自己のなかから開かれぬ。さて、「金剛の信心は絶対不二の機なり」（二九九）は、「機法一体」の「機」として「法」を含む。「絶対不二の機」は全体、その外に出るものは何もない。「機」は、宗教と非宗教の間、ニヒリズムの荒野をそのもとに摂め無仏の広野よりも広い。ということは、「絶対不二の機」は反逆意志の自覚を含んでそれを超えることを意味する。すなわち「金剛の信心」は、「難化の三機、難治の三病」を治す「本願醍醐の妙薬」（二九六）にほかならない。以上、「信文類（末）」「明所被機」に『涅槃経』を引用されたのは、深い意味があると思う。「矜哀定散与逆悪」は、必然性における反逆意志の自覚超克という動的構造を現す。それは善悪を通底する我意・我執の洞見、反逆意志を通して反逆意志を否定する悲心のはたらきにほかならぬ。因みに、ニーチェの「神は死んだ」[31]は、「神の殺害者」[32]の自覚内容、生きた神に出合った、つまり絶対否定態における殺害者の告白だと思う。絶対否定態における自覚として、以上の所論と通底する何ものかがあろう。

「矜哀」を開いて、「光明名号顕因縁」となる。「まことに知んぬ、徳号の慈父ましまさずは能生の因闕けなん。光明の悲母ましまさずは所生の縁乖きなん。能所の因縁和合すべしといへども、信心の業識にあらずは光明土にいたることなし。真実信の業識、これすなはち内因とす。光明・名の父母、これすなはち外縁とす。内外の因縁和合して報土の真身を得証す。ゆゑに宗師は、『光明・名号をもつて十方を摂化したまふ。ただ信心をして求念せしむ』とのたまへり。また『念仏成仏これ真宗』といへり」（一八七）。「しかるに弥陀如来には、すでに摂取と光明といふ二つのことわりをもって、衆生をば済度したまふなり。まづこの光明に宿善の機のありて照らされぬれば、つもるところの業障の罪みな消えぬるなり。さて、摂取といふはいかなるこころぞといへば、この光明の縁にあひたてまつれば、罪障ことごとく消滅するによりて、やがて衆生をこの光明のうちに摂めおかるるによりて、摂取とは申すなり」（一一三五）。上記の法文、ともに「光明名号」の徳を称する。『偈』に「摂取心光常照護」とあるように、摂取は光明のはたらき「摂取の光益」（一一四一）である。しかし、「二つのことわり」と分けられているのは、それだけの意味もあろう。察するに、光明は調熟（お育て）の意を含む。「このゆゑに光明の縁にきざされて名号の因は顕るるというこころなり」（一〇三五）は、「名号の因」に「光明の縁」を摂める。因縁の和合が摂取。摂取は光照・絶対の光源の開示にほかならぬ。ところで光そのものは、明闇を離れる。いま、調熟において漸を、摂取において頓を語れば、「ことわり」に漸と頓の統一を看取し得よう。だが、本願そのものは、漸に対する頓でもなければ頓にたいする漸でもない、頓漸を離れる。「頓にあらず漸にあらず」（二四五）。「すなはちこれ円教のなかの円教なり。すなはちこれ頓教のなかの頓教なり」（五五〇）。

「光明名号」が、定散と逆悪を否定即肯定的に包摂する。定散と逆悪がそういうかたちで本願名号を顕彰、要門・真門も弘願門に包まれるわけである。「釈迦は要門ひらきつつ　定散諸機をこしらへて　正雑二行方便し　ひとへに専修をすすめしむ」（五八九）に、要門を貫く弁証法を看取し得よう。「諸行は廃せんがために説く」（七祖、一二三〇）も、この論理を現す。すなわち顕義は、否定即肯定されて彰義を語る、彰における顕となる。「この三種の業は、過去・未来・現在、三世の諸仏の浄業の正因なり」（九二）は、顕義を正面に出し裏に彰義をかくす。顕義から言えば、本願真実は定散・自力念仏に否定的に関係、その意味で要真二門は相対性を残す。「疑情を失とするなり」（二四六）は、これを語るであろう。彰義から言えば、要真二門ともに真実をあらわす。名号の功徳のなかに「三福」（九二）がある。二門ともに浄土真実へ導く悲心以外の何ものでもない。「諸善万行ことごとく　至心発願せるゆゑに　往生浄土の方便の　善とならぬはなかりけり」（五六七）。顕義を介して報土往生の絶対性は、いよいよ彰れるであろう。以上あきらかなように、「光明名号顕因縁」は絶対肯定の世界を説く。次の『和讃』は、定散と逆悪の転成に開かれるこの世界を称えるであろう。「本願円頓一乗は　逆悪摂すと信知して　煩悩・菩提体無二と　すみやかにとくさとらしむ」（五八四）。「弥陀智願の広海に　凡夫善悪の心水も　帰入しぬればすなはちに　大悲心とぞ転ずなる」（六〇七）。

「光明名号顕因縁」は、「由知ヌ、三輩共ニ是念仏ノ一行ナルヿヲ也」（四、四六八）とあるように、念仏における絶対知の開顕である。絶対知は『観経』を『大経』におさめる知見、『観経』に弘誓を見る。たとえば、「接足作礼」（九八）は「五念門」（五四六）のなかの「礼拝」（五四六）である。「三昧発得の人師」（一〇〇二）は、善導における絶対知の現成をほめる。嘉誉は、法然にも冠せらるべきであろう。つまり「源空智行の至徳」（五九六）「源空存在せしときに　金色の光明はなたしむ」（五九六）を、願海における定散二善と解したい。

次に絶対知の回光返照を受けて、定散二善に筆を戻したい。王舎城の悲劇が、世尊の説教の機縁となった。

それは遠い昔の話ではない。現代もいたるところで同じような家庭悲劇が起こっている。その意味で説相は、深く現実に喰い込んでいると言わねばなるまい。およそ現実・時を媒介し得ないような宗教は、その生命を失っている。「摂取の光明あひたてまつる時剋」（一一三五）は、「正覚の一念」（一三八六）として時が永遠の生命の自覚の場であることを説く。「時剋」は「光明名号」の現実化・実存化の瞬間であろう。つまり宗教的生命とは、永遠が時となることにほかならぬ。「釈迦韋提方便して　浄土の機縁熟すれば　雨行大臣証として　闍王逆悪興ぜしむ」（五七〇）は、時に現れる永遠を讃じる。それゆえにどのような意味においても時との関係に入らないような永遠は、生きた永遠でない。

さきに定散二善を哲学・倫理と読みかえた。いま述べた文脈から見ると、哲学・倫理の実践が勝義の宗教の土壌を耕すと言える。ところで道徳の立場を鋭く確立したのは、カントの実践哲学である。彼の断言的命令は、あらゆる経験的なものからの独立として近代的主体性の崇高な自覚であった。そういう主体性の立場を一度通らなければ、念仏の現代的意味も充分顕彰されないだろう。道徳がなければ、念仏への手掛かりもちょっと考えられないだろう。「善人悪人一処にむまるといはゞ、悪業のものども慢心をおこすべきがゆへに、品位差別をあらせて、善人は上品にすゝみ、悪人は下品にくだるなりと、ときたまふなり」（四、二一四）「仁義をもって本とし」（一一六〇）は、倫理・道徳の意義を汲んだ教説であろう。すなわち『観経』顕義がなければ、弘願門も観念化され宗教的生命を失う危険がある。「このうへは定めおかせらるる御掟、一期をかぎりまもりまうすべく候ふ」（一二二七）。「法度の段」、俗諦の教示である。俗諦は広い意味における倫理・道徳と言える。ところで「法度の段」も名号の展開にほかならないから、俗諦も真諦に属しそれに統一される。「かくのごとくこころえたる人をさして、信心発得して後生をねがふ念仏行者のふるまひの本とぞいふべし」（一二二五）は、「念仏行者」に真俗二諦を摂する。真諦のほかに独立した俗諦はないから、「真俗二諦説」は誤りと言わねばならぬ（戦時中、教団は「二諦説」に迷いこんだ）。

既述のように「光明名号」において「定散」と「逆悪」の全体が、絶対否定即絶対肯定をめぐる。そういう転換は、倫理・道徳の基礎の没落が新しい定礎なることを意味する。倫理・道徳は絶対の自己否定にそのもとをもつ。「菩薩の無量の行願」（四）「四摂」（布施・愛語・利行・同時、一四八四、巻末註）も名号の功徳の展開と考えらるべきであろう。ところで、カントの先験的自由は実践理性に基づくかぎり、理性的存在者としての人間内在性の立場、いまだ我執・我見から解放されていない。しかし実践理性は「光明名号」において否定と肯定をめぐるゆえに、弘願は先験的自由を倒し「自在人」（五五六）を出生せしめると言える。このようなかたちで「本願招喚の勅命」（一七〇）・宗教的実存は、カントの「断言的命令」・道徳的実存から無底の深淵を隔てる。

倫理・道徳は、信前信後ともに浄土真実と本質的に関係する。もし両者の相互媒介を見失えば、宗教的生命は枯渇するであろう。「凡夫なればとて、なにごともおもふさまならば、ぬすみをもし、人をもころしなんどすべきかは。もとぬすみごころあらんも、極楽をねがひ、念仏を申すほどのことになりなば、もとひがうたるこころをもおもひなほしてこそあるべきに、そのしるしもなからんひとびとに、悪くるしからずといふこと、ゆめゆめあるべからず候ふ」（八〇〇―八〇一）に、倫理に還相した念仏、念仏に媒介された倫理を読みとることができるであろう。「善悪・浄穢もなかりけり」（六一七）「善悪のふたつ、総じてもつて存知せざるなり」（八五三）「よしあしの文字をもしらぬ」（六二二）は、善悪分別の無化、不思善・不思悪を語る。しかもそこから善悪分別、還想の倫理が成立する。つまり、分別から無分別に入り無分別から分別に出る。『偈』は、そういう円環運動を讃える。

開入本願大智海
行者正受金剛心
慶喜一念相応後
与韋提等獲三忍
即証法性之常楽

「開入本願大智海」は、天親章の「帰入功徳大宝海」と意を通じる。「開入」も「帰入」も、根源的な自己閉鎖性の切開――「神を開き、体を悦ばしめて、心垢を蕩除す」(三五)――をいうことはあきらかである。そのかぎり「開入本願大智海」は、あらゆる人間学的接近の峻拒、人間内在性の突破である。人間的なものからの絶対の彼岸は、人やものに会うというかたちで仏に遇うということがないことを意味する。「本願大智海」は、人間の方からは開かれない。むしろ、「真如一実の功徳の宝海」(二四二)「真如一実の信海」(二一一)の自己における現成である。そういうかたちで本願海が内外同時に開ける。

「行者正受金剛心」は、「本願大智海」がそのまま「金剛心」となるをいう。『金剛』といふはすなはちこれ無漏の体なり」(七祖、四一九)「金剛堅固の信心」(五九一)とあるように、「金剛心」は真如法性そのもの、人間的な何ものも混っていない。「金剛心」は、「大智海」「智慧円満して巨海のごとし」(四八五)とあるように智慧である。

「慶喜一念相応後　与韋提等獲三忍　即証法性之常楽」。それぞれの句のつながりは自然、各句がまとまって響く。「慶喜一念」の強い響きが、「即」と呼応する。全体が「慶喜一念」に摂持されているからであろう。また、「後」は時間的な継起を意味しない。時の前後は抽象にすぎず、表象の場に移されている。むしろ、「本願を信受するは、前念命終なり。即得往生は、後念即生なり」(五〇九)、時の前後裁断における「後念」を意味する。仏と自己の相互否定即相互肯定の肯定を、「後」と讃じたのであろう。既述のように、「相応」は直接的・連続的でなく対立緊張を含む統一であった。それゆえに「慶喜一念」は、絶対矛盾の自己同一をいう。「本願大智海」が人間性の彼岸であるから、「慶喜一念」は「一念喜愛心」と同義、人間的な何ものも含まぬ。「広大難思の慶心」(二五〇)「この阿弥陀如来はふかくよろこびましまして……」(一一一九)の教示のように、「慶喜一念」は如来心そのものである。「一念」は過ぎ去る時の一点ではない。そこからは不退転ということが出て来ない。むしろ永遠が時を截る瞬間、時における永遠でなければならぬ。「慶喜一念」は過去・現在・未来を摂めるとともに、時の発現する源泉である。

「金剛心を獲るものは、すなはち韋提と等しく、すなはち喜・悟・信の忍を獲得すべし。これすなはち往相回向の真心徹到するがゆゑに、不可思議の本誓によるがゆゑなり」(二六四)にあきらかなように、「三忍」は「慶喜一念」の内容、「他力の信(無生法忍)のもつ三つの徳義」(一四七九、巻末註)をいう。しかも韋提希との同時性を意味する。「恩徳広大釈迦如来　韋提夫人に勅してぞ　光台現国のそのなかに　安楽世界をえらばしむ」(五六九)に鑑みて、「えら(ぶ)」は韋提の選択でありながら釈尊の選択、同時性は仏の方から開かれるのである。また、「菩薩の無生法忍」(二一)「第一、第二、第三法忍」(二四)「時に応じてすなはち無生法忍を得ん」(九二)「涅槃の門に入りて、真心に値へば、かならず信・喜・悟の忍を獲」(四八八)「われもと因地にありしとき　念仏の心をもちてこそ　無生忍にはいりしかば　いまこの娑婆界にして」(五七七)に鑑みて、「三忍」が現生・彼土を貫く功徳と言わねばならぬ。

「即証法性之常楽」。「難思議往生を得る人、すなはち法性の常楽を証す」(四八八)「安楽国に到れば、かならず自然に、すなはち法性の常楽を証せしむとのたまへり」(五五〇)は、あきらかに利益を彼土におく。これに従って大方の学者は、句を彼土の益と解釈している。この解釈は当然ではあるが、考えなければならないところがある。句の説くところを浄土の利益とのみ限定するのは、充分に納得させない。その場合、「即」が生きてこない。偈句の微妙な響きが乱れるように思う。『唯信証文意』の指南のように「即」の意は、「ときをへず、日をへだてぬ」(七〇三)ということである。それは自然必然における信心と往生、此土と彼土の統一にほかならぬ。「即得往生」と「即証法性之常楽」は、通底する。さらに言えば利益を浄土にのみ限定するのは、行・信の絶対性—「万善万行の総体」(一一二二)「万善万行恒沙の功徳」(一一七九)—を危うくするであろう。以上、「即証法性之常楽」を浄土の益にのみ局限する解釈は、明証をもたぬ。

「即証法性之常楽」の宣説の場はあきらかである。それは「慶喜一念」の展開として永遠の現在である。もしその視点が閉ざされるならば、句はその真理証明をどこから受けとるであろうか。証明をもたない解釈は宙に浮く。涅槃・常楽も期待と憧憬にとどまるではないか。利益を彼土に限定するのも此土に限定するのも『偈』のこころにあたらぬ。以上、句の讃ずる利益が此土か彼土かという論議の不毛性が、あかるみにもたらされたであろう。

源信広開一代教
偏帰安養勧一切
専雑執心判浅深
報化二土正弁立

仏教全体を背景にする浄土門の開説は、源信にかぎらず他の高僧にも通じる。ところではじめの二句、あきらかに『往生要集』の概要を摂む。『往生要集』はまことに博引旁証。源信の博覧強記は驚嘆に値する。また、それだけに第二句が強く響く。「それ往生極楽の教行は、濁世末代の目足なり。道俗貴賤、たれか帰せざるものあらん。ただし顕蜜の教法、その文、一にあらず。事理の業因、その行これ多し。利智精進の人は、いまだ難しとなさず。予がごとき頑魯のもの、あにあへてせんや。このゆゑに、念仏の一の門によりて、いささか経論の要文を集む」（七祖、七九七）。この一文が第二句となったと言える。一代仏教の厳しい修行のなかから、源信は「念仏の一の門」に出た。「予がごとき頑魯のもの、あにあへてせんや」が、浄土門への踏みきりを語るであろう。それは源信の修行の帰結であるとともに、名号の真理開顕であった。「まことにこれ濁世の目足たり」（四八八）と、日本浄土教の夜明けが告げられたのである。

「専雑執心判浅深　報化二土正弁立」。専修は深、雑修は浅。「利他の信楽うるひとは　願に相応するゆゑに　教と仏語にしたがへば　外の雑縁さらになし」（五九二）は前者を讃め、「業行をなすといへども心に軽慢を生ず。……楽みて雑縁に近づきて往生の正行を自障　障他するがゆゑに」（四一二）は後者を貶する。専修深心は報土の因、雑修浅心は化土の因である。それぞれの因果において、専修深心は報土を雑修浅心は化土を感得する。そして「専修のひとをほむるには　千無一失とをしへたり　雑修のひとをきらふには　万不一生とのべたまふ」（五九四）とあるように、二つの「往因―往果」は峻別、混交しない。まさに「正弁立」である。ところで、仏道修行に関して「浅深」が言われているから、報土と化土は平面的・並存的でなく立体的・重層的に関係すると思われる。

曇鸞章で讃じられたように、報土の因果は誓願に摂まる。問題は化土の因果である。「如来慈氏にのたまはく　疑惑のこころをもちながら　善本修するをたのみにて　胎生辺地にとどまれり」（六一三）。「仏智の不思議を疑惑して　罪福信じ善本を　修して浄土をねがふをば　胎生といふとときたまふ」（六一四）。以上の二首『和讃』から、化土往生に通底する基本的性格を取り出すことができるであろう。すなわち化土は、客観的・対象的に存在する世界でなく、人間のあり方・生き方から考えられなければならない。化土の実存的理解。化土往生を決定づけるのは、仏智疑惑である。仏智疑惑は自己の立場を残すゆえに、化土往生は自力作善にほかならぬ。

「仏智の不思議をうたがひて　自力の称念このむゆゑ　辺地懈慢にとどまりて　仏恩報ずるこころなし」(六一〇)。「自力諸善のひとはみな　仏智の不思議をうたがへば　自業自得の道理にて　七宝の獄にぞいりける」(六一二)。「自力称名のひとはみな　如来の本願信ぜねば　うたがふつみのふかきゆゑ　七宝の獄にぞいましむる」(六一二)。「仏智疑惑のつみにより　懈慢辺地にとまるなり　疑惑のつみのふかきゆゑ　年歳劫数をふるととく」(六一二)。これらの『和讃』は、仏智疑惑・自力作善のあり方が「つみ」であること、化土往生の因果が「つみ」の制約、「自業自得の道理」(六一二)―仏智疑惑と懈慢辺地をつなぐ必然性―のもとにあることを説く。「以上二十三首、仏不思議の弥陀の御ちかひをうたがふつみとがをしらせんとあらはせるなり」(六一四)は、化土往生の基本的性格を示す決定打であろう。化土往生というあり方は、自己の立場を残すと語った。それは根源的な自己閉鎖性にほかならぬ。「金鎖をもちてつなぎつつ　牢獄にいるがごとくなり」(六一二)「七宝の獄」(六一二)「含花未出」(六一三)「七宝の宮殿に　五百歳までいでずして」(六一二)「胎宮にかならずうまるるを牢獄にいるとたとへたり」(六一二)「はなはすなはちひらけねば」(六一三)「五百歳まで牢獄にかたくいましめおはします」(六一三)は、この閉鎖性を象徴する。ところで五百歳という数字は、特別な意味があるとは思えない。あらゆる時間概念は浄土にとどかぬから。「ただ五百歳のうちにおいて三宝を見たてまつらず、[諸仏を]供養してもろもろの善本を修することを得ず」(七八)「三宝の慈悲にはなれたり」(六一四)「三宝を見聞せざるゆゑ　有情利益はさらになし」(六一二)「辺地懈慢にうまるれば　大慈大悲はえざりけり」（六一二）は、化土の行者には本願との生きたつながりが見失われていること、法界無辺の開けが現れていないことを説く。果の方向から見られた閉鎖性であろう。

化土の基本的性格は、「報化二土正弁立」が観想・理論の立場でなく、宗教的実存の深化から開示されることを意味する。「ここをもつて愚禿釈の鸞、論主の解義を仰ぎ、宗師の勧化によりて、久しく万行諸善の仮門を出でて、永く双樹林下の往生を離る。善本徳本の真門に回入して、ひとへに難思往生の心を発しき。しかるにいまことに方便の真門を出でて、選択の願海に転入せり。すみやかに難思往生のこころを離れて、難思議往生を遂げんと欲す。果遂の誓、まことに由あるかな」（四一三）。三願転入・宗教的精神の深化の告白である。その過程は、法から言えば要門・第十九願から真門・第二十願へ真門から弘願門・第十八願への転入、機から言えば邪定聚から不定聚へ不定聚から正定聚への転入である。もちろん、法を離れて機はなく機を離れて法はないから、宗教的精神の同じ一つの深まりである。化土往生というあり方は、仏道修行の歩みである。しかし化土の行者は道を行ききっていない。彼は歩みを残す。歩みはまだ過程・途上にある。化土往生というあり方は、歩みを運ぶにつれて遠ざかる地平線を追うようなものであろう。『法華経』「化城喩品」―「導師は『息み已れり』と知りて　衆を集めて告げて『汝等よ、当に前進すべしこれはこれ化城なるのみ　われは、汝が疲れ極まりて　中路に退き還らんと欲するを見るをもつて　故に方便力をもつて　権りにこの城を化作せるなり。汝は今、勤に精進して　当に共に宝所に至るべし』と」[33]―と一脈通じるところがある。

「しかるに濁世の群萌、穢悪の含識、いまし九十五種の邪道を出でて、半満・権実の法門に入るといへども、真なるものははなはだもつて難く、実なるものははなはだもつて希なり。偽なるものははなはだもつて多く、虚なるものははなはだもつて滋し。ここをもつて釈迦牟尼仏、福徳蔵を顕説して群生海を誘引し、阿弥陀如来、本誓願を発してあまねく諸有海を化したまふ」(三七五)。「それ濁世の道俗、すみやかに円修至徳の真門に入りて、難思往生を願ふべし」(三九九)。以上、要門・真門を説く。「報の浄土の往生は　おほからずとあらはせる　化土にうまるる衆生をば　すくなからずとをしえたり」(五九四)。「真実信心の称名は　弥陀回向の法なれば　不回向となづけてぞ　自力の称念きらはるる」(六〇七)。「報土の信者はおほからず　化土の行者はかずおほし　自力の菩提かなはねば　久遠劫より流転せり」(六〇九)。これらの聖語から、前進への指示とともに道の険しさが響く。道はいよいよ厳しく山はいよいよ高い。歩みは困難をきわめる。「誓願不思議をうたがひて　御名を称する往生は　宮殿のうちに五百歳　むなしくすぐとぞときたまふ」(五五五、傍点引用者)とあるように、化土往生は虚しい、ニヒリズムの射程にあると言える。それは浄土を志向する歩みのなかから開かれるから、ラディカルなニヒリズムである。道はニヒリズムの荒野を通るであろう。

「悲しきかな垢障の凡愚、無際よりこのかた助正間雑し、定散心雑するがゆゑに、出離その期なし。みづから流転輪廻を度るに微塵劫を超過すれども、仏願力に帰しがたく、大信海に入りがたし。まことに傷嗟すべし、深く悲歎すべし。おほよそ大小聖人・一切善人、本願の嘉号をもつておのれが善根とするがゆゑに、信を生ずることあたはず、仏智を了らず。かの因を建立せることを了知することあたはざるがゆゑに、報土に入ることなきなり」(四一二―四一三)。これ、「真門釈結誡」である。要門は真門に流れこむから、「結誡」は化土往生の全体にかかり、道の終着点を告げる。それは道の峻険というよりもむしろ断崖絶壁そのものである。真宗の最難関はここにある。

「まことに仮の仏土の業因千差なれば土もまた千差なるべし。これを方便化身・化土と名づく。真仮を知らざるによりて、如来広大の恩徳を迷失す」(三七二―三七三)。「如来広大の恩徳」において「真仮を知る」が成立する。ここに「報化二土正弁立」が、「真仮を知る」にほかならぬことはあきらかであろう。つまり、「弁立」は「仏智・不思議智・不可称智・大乗広智・無等無倫最上勝智」（七六）の現成の謂い。絶体知の臨現が、「報化二土正弁立」「真仮を知る」となる。ゆえに真仮の分別・弁立は、報土から言い得る、化土からではない。化土は化土であるかぎり化土を、仮の仏土は仮の仏土であるかぎり仮の仏土を知らぬ。「『かの国の人民に胎生のものあり。なんぢまた見るや否や』と。対へてまうさく、『すでに見たてまつれり』と」（七六）とあるように、報土から化土を見ることができるが、化土から報土を見ることはできぬ。「五百歳のなかにおいてつねに仏を見たてまつらず、経法を聞かず　菩薩・もろもろの声聞の衆を見ず、仏を供養するに由なし」（七七）。「無数の化仏……とともに〔現前す〕」（一〇八）は、化土の行者は真仏を拝むことができないことを説くと思われる。考察を戻せば、「雑」は「雑」を「浅」は「浅」を知らぬ。そこに大きな「不知」が隠され、それが化土・仮の仏土、雑心・雑修ということである。

「真仮みなこれ大悲の願海に酬報せり。ゆゑに知んぬ、報仏土なりといふことを」（三七二）の光沢によって、真にあると言えるのは報土のみ、報土は化土を摂し独立した化土がないことはあきらか。「七宝講堂道場樹　方便化身の浄土なり　十方来生きはもなし　講堂道場礼すべし」（五六二）は、化土において報土を見ている。さらに言えば、「声聞・縁覚の地を超越して、空・無相・無願三昧を得たり。よく方便を立して三乗を顕示す」（六）とあるように、弘願門は要真二門だけではなく声聞・縁覚をも摂する。「本願円頓一乗」（五八四）には、一乗三乗はない。一乗・三乗は一乗に導く方便である。以上、あきらかに報土の絶対性を説く。すべては報土から出て報土に摂まる。化土というも報中の化。報土に対する化土もなければ、化土に対する報土もない。報土は一切の相対性を離れる。そういう絶対的視点から言えば、「横出……他力のなかの自力の菩提心」（二四六）も浄土真実・横超の菩提心の覆面した現れ方、自力念仏も本質・体は他力である。

「至心・発願・欲生と　十方衆生を方便し　衆善の仮門ひらきてぞ　現其人前と願じける」（五六七）。「至心・回向・欲生と　十方衆生を方便し　名号の真門ひらきてぞ　不果遂者と願じける」（五六七）。以上の二首「大経讃」に置かれ、『観経』『弥陀経』を『大経』に摂める。第十九願・第二十願を第十八願から開いているわけである。第十八願における第十九願・第二十願、弘願門における要門・真門の統一と言える。それゆえに実体的な第十九願も第二十願もない。真にあると言えるのは、第十八願のみ。「それ衆生ありて、かの国に生るるものは、みなことごとく正定の聚に住す。ゆゑはいかん。かの仏国のなかにはもろもろの邪聚および不定聚なければなり」（四一）も、上述の文脈で読むべきであろう。報中の化は、行者の歩みの直下に絶対の場が開かれていること、絶対における途上、歩々が絶対なることを意味する。歩みは報土という場所における運動であって、場所からの運動ではない。ゆえに化土から報土へという方向は、相対的な見方にすぎない。三願転入の場は弘願、実体的な転入はない。

さて、「双樹林下往生」（五〇五）から「難思往生」（五〇五）、「難思往生」から「難思議往生」（五〇五）、「即便往生」（一〇八）から「即得往生」（五〇九）への転入は、宗教的精神の深化の論理的自覚である。深化の論理的必然性は、相対的な見方からは出て来ぬ。絶対における歩みであるかぎり論理的必然性は、名号のことわりに基づく。ゆえに以下の諸文は、名号の論理の自覚展開にほかならぬ。そこに転入の必然性を読みとるべきであろう。「果遂の誓、まことに由あるかな」（四一三）。「定散自力の称名は　果遂のちかひに帰してこそ　をしへざれども自然に　真如の門に転入する」（五六八）。『教我思惟』といふは、すなはち方便なり。『教我正受』といふは、すなはち金剛の真心なり」（三八二）。「定善は観を示す縁なり」（三八八）。「散善は行を顕す縁なり」（三八八）。「果遂の願によりてこそ　釈迦は善本徳本を　『弥陀経』にあらはして　一乗の機をすすめける」（五六八）。「信心のひとにおとらじと　疑心自力の行者も　如来大悲の恩をしり　称名念仏はげむべし」（六一二）。「法身のさとりを開く身とうつり入るともうすなり」（五六九、異本左訓）。宗教的精神の深化として、真門への転入に要門に絶望、弘願門への転入に真門に絶望するということがある。また、「仏智うたがふつみふかし　この心おもひしるならば　くゆるこころをむねとして　仏智の不思議をたのむべし」（六一四）とある。なるほどそれは行者の絶望・転入に違いないが、本質において名号の自覚展開の道である。化土の行者の力によっては、絶望も転入もない。

「真門釈結誡」は、名号の真理開顕と行者の歩みの一つなるところにおける決着を語る。決着は、化土のあり方の真理開顕と一つの死である。名号における死であるかぎり、これ以上の死は考えられぬ。すなわち「報化二土正弁立」は、化土を貫く絶対的な死を説く。死は単に人間存在の限界でなく、三界（欲界・色界・無色界）の限界の現成を意味する。すなわち、「かの世界の相を観ずるに、三界の道に勝過せり。究竟して虚空のごとく、広大にして辺際なし」（七祖、三九）と偈頌される界外無漏界の現成における限界の自覚と言わねばならぬ。そういう絶対死において化土から報土を見るという相対的視圏が脱落、望見・表象された報土が消え失せる。「つつしんで化身土を顕さば、仏は『無量寿仏観経』の説のごとし、真身観の仏これなり、土は『観経』の浄土これなり」（三七五）。釈は、表象された浄土にほかならず、既引用の『法華経』「化城喩品」と通底すると思う。何はともあれ、化土は化作された世界、真実在ではない。裏から言えば、真仏・真土はすがたかたち・表象を脱け出る方向を含んで現れる。絶体の死が化土の行者を貫くかぎり、化土の行者は連続的に報土の信者に移りゆくことができぬ。化土と報土は、直接的に融合・混交しない。両者は相互否定即相互肯定的関係に立つ。否定と現れ肯定と現れる当体、否定も肯定も離れるその当体、つまり〝即〟―そこにおいて絶対否定即絶対肯定が成立する光源―それが「報仏土」（三三七、三七二）にほかならぬ。報土はそういう光源としての絶対知である。「仏智を疑惑するゆゑに　胎生のものは智慧もなし」（六一二）は、絶対知の照破を語るであろう。

「報化二土正弁立」は、両土分別の言明であった。分別は化土を報土から分かつ境界線にほかならぬ。しかし報土における境界線は、実体的な境界線ではない。報土における深淵は、既に深淵ではない。境界・深淵は化土との関係においてのみ言い得るにすぎぬ。すなわち「正弁立」「直仮を知る」は、裁断・深淵のリアリティーを抜く。もともとなかったのだということである。ゆえに「正弁立」は、自覚即超克という構造を示す。化土の行者は境界線を報土へ超えゆくのではない。報仏土の現成において境界も行者もなかったと信知せしめられる。さきに道は、ラディカルなニヒリズムの荒野に通じると語った。そういうニヒリズムは、普通の意味では超えられぬ。ということは、超克が境界線の自覚のほかにはないということである。すなわち自覚即超克は、境界線が虚無から創造への転換軸にほかならないことを意味する。

報土から化土を返照して考察を結びたい。報土と化土の相互否定即相互肯定とは、絶対否定と絶対肯定が化土にかかること、化土について否定と肯定が同時に言えること、化土を両面から見ることができることを意味する。化土はどこまでもそういう両義性、あるいは一義の二義、二義の一義において現れる。「顕彰隠密の義」（三八二）とは、これをいう。「顕」「彰」のいずれを見失っても化土をとらえ損なうであろう。「化身土巻」開説の意義もそこにある。親鸞がいかに真仮の分別にこころをくだいたかということは、『浄土和讃』「冠頭讃」二首によっても伺い知ることができる。「仏恩のふかきことは、懈慢辺地に往生し、疑城胎宮に往生するだにも、弥陀のちかひのなかに、第十九・第二十の願の御あはれみにてこそ、不可思議のたのしみにあふことにて候へ。仏恩のふかきこと、そのきはもなし」（七四九）。「方便をわろしといふことはあるまじきなり。方便をもつて真実をあらはす廃立の義よくよくしるべし」（一二八六）。以上、顕義を正面に出し、その意義を汲むであろう。それゆえに方便はにべもなく捨てさるべきではない。要するに化土というあり方には、宗教性の調熟・育成という意味がある。「弘誓は四十八なれども、第十八の願を本意とす。余の四十七は、この願を信ぜしめんがためなり」（一三八三）とあるように、調熟・育成も弘願にもとづく。因みに、キルケゴールの宗教性B・超越的宗教、宗教生A・内在的宗教と、報土往生と化土往生の間には霊犀通じるところがあろう。

「西方は寂静無為の楽なり。畢竟逍遙して有無を離れたり」（七祖、四〇五）は、浄土と娑婆、報土と化土を自由自在に往来する絶対の風光を讃えるであろう。絶対知は、真仮、上昇・下降を離れる。既述のように顕義から言えば、『観経』『弥陀経』は相対性を残す。しかし絶対知の現成は、相対性の底なき脱落である。「如来にすなはち二種の涅槃あり。一つには有為、二つには無為なり。有為涅槃は常楽我浄なし、無為涅槃は常楽我浄あり」（四〇八）は、無為涅槃における相対性の脱落を語ると思われる。それによって往生の手段としての念仏、念仏の目的論的規定が抜け落ちる。自力念仏が、御恩報謝の念仏となる。絶対知の光照のもとに理想主義・目的論は終焉を告げる。以上、「専雑執心判浅深　報化二土正弁立」は、名号の論理の自覚展開にほかならぬ。源信というすぐれた宗教的実存における名号のことわりの現成が、『偈句』となった。

極重悪人唯称仏
我亦在彼摂取中
煩悩障眼雖不見
大悲無倦常照我

「極重悪人唯称仏」。この句でまず注目しなければならないのは、「極重悪人」の一語であろう。この語は、行きついた極点・限界線を示す。相対的な善悪の彼岸、比較の場を抜け出たところが、ここで語り出されている。妙好人の「ちりばほどもええことがない」[34]「この源左ほど悪い奴はないでのう」[35]は、『偈』のこころを受けた領解と言える。しかし「極重悪人」の領解は、かならずしも容易ではない。否、ほとんど不可能なように思われる。領解のために、初句の全体にもどってみる。

「極重悪人唯称仏」は、「つつしんで往相の回向を案ずるに、大行あり、大信あり」（一四一）における「大行」の立場、観想ではない。「極重悪人」は、「唯称仏」と一つに言挙げされる。「つみふかき　ひとをたすくる　法なれば　弥陀にまされる　ほとけあらじな」[36]とあるように、「法」において「極重悪人」の自覚が成立する。「浄土真宗に帰すれども　真実の心はありがたし　虚仮不実のわが身にて　清浄の心はさらになし」（六一〇）。「自身は現にこれ罪悪生死の凡夫、曠劫よりこのかたつねに没しつねに流転して、出離の縁あることなしと信ず」（七祖、四五七）。「毒蛇・悪竜」（六〇二）。「無明煩悩しげくして　塵数のごとく遍満す」（六〇二）。「過去・未来・現在の三世の業障……」（一一九）。以上を一語に集めて、「極重悪人」と言挙げされた。すなわち「極重悪人」は、「機の深信」にほかならぬ。「機の深信」は「『観経』の定散の諸機は、極重悪人、ただ弥陀を称せよと勧励したまへるなり」（三八二）とあるように、主体的方向に自己を超える。ゆえに「極重悪人」は、自己反省・自己凝視から来るのではない。たとえば『往生礼讃』「広懺」（七祖、七〇六―七〇八）は、自己のわざとして自己内に成立するだろうか。「念仏は行者のためには非行・非善なり」（八三六）は、称名の自己からの超絶を語るであろう。反省・凝視には、自己が残る。さきに「極重悪人」の領解は不可能であるように思われると言ったのは、このゆえである。自己を離れるゆえに、「極重悪人」は個人的感傷でも自己苛責でもない。「わが身の罪のふかきことをばうちすて……」（一一九二）とあるように、領解は放下である。むしろ時空全体を摂める名号、「三世十方一切如来」（二〇一）の開けにおける領解と言える。

「しかれば名を称するに、よく衆生の一切の無明を破し……」（二四六）に鑑みるに、光明から句が現れる。

釈を受けて「極重悪人」は、名号に照破された翳、破闇における無明の無明としての自覚と言わねばならぬ。闇いと知るのは、既に光のなかである。「極重悪人」の自覚は、名号の決定ゆえに他宗教・他宗派への選択の余地を奪う。「極悪深重の衆生は　他の方便さらになし　ひとへに弥陀を称してぞ　浄土にうまるとのべたまふ」（五九五）。つまりリアリティーの脱落における「極重悪人」と言わねばならぬ。「願力無窮にましませば　罪業深重もおもからず　仏智無辺にましませば　散乱放逸もすてられず」（六〇六）は、この脱落を讃じる。すなわち「極重悪人」の自覚は、絶対否定にそのもとをもつ。「極重悪人」は「転悪成善」（二五二）「惑染・逆悪斉しくみな生じ、謗法・闡提回すればみな往く」（四八六）という転換の自覚内容だと言ってよい。「転悪成善」の必然性における「極重悪人」であるから、「極重悪人」は既に「極重悪人」ではない。句が分節されないで一気に読まるべきだという理由が、ここにある。「極重悪人」は、『阿弥陀経』の「善男子・善女人」（二二七）と通底するであろう。「極重悪人」は、絶対に二義的、二義的にして一義透明。逆に言えば、文字通りの「極重悪人」は「極重悪人」を知らない。「無慚無愧」（六一八）。それが「極重悪人」ということである。このように「極重悪人」の自覚が「清浄人」（五五六）と一つに成立するかぎり、私ほど悪いものはないと知る――それが真の意味の良心の清さである。

「人、世間愛欲のなかにありて、独り生れ独り死し、独り去り独り来る」（五六）。「おほよそ無始よりこのかた生死にめぐりて六道四生をすみかとせしに……」（一〇一四）。「曠劫よりこのかた流転して六道ことごとくみな経たり」（七祖、四〇六）。「悪見に住して」（一一七〇）。以上の諸文は、欲界としての凡夫の住む場所を説く。「三界無安猶如火宅」[37]とあるように、「すみか」は安住の地ではない。私は何処から来て何処にいるのか。また何処へ行くのか。居場所がさだまらないほど落ち着けぬことはない。身の置きどころがない、居場所が奪われるほど辛いことはない。宗教的迷いとは自己の居場所に迷うことである（西田幾多郎）。私たちは何の慰めも見出せない異邦人、「帰すべきところぞさらになき」（五八三）流浪人である。ところで「一念の妄心」（七祖、一〇四九）反逆意志を核に、「すみか」が造作された。自己は「すみか」の絶対の主人、それは死守すべき堡塁、開城は自己の死を意味する。すなわち「一念の妄心」としての反逆意志が願力の場における対極を構成、そこへの参入を拒絶し続ける。仏と自己は、そういう対立緊張関係に立つ。ゆえに対立の統一が言わるべきならば、絶対の他という方向からでなければならぬ。「大悲をもつて西化を隠し、驚きて火宅の門に入り……」（七祖、二九九―三〇〇）は、これを語るであろう。釈文は、絶対の矛盾対立を摂めて南無阿弥陀仏が立ち上がること、「南無は仏から起こる」（一一四九、取意）ことを説く。「本願招喚の勅命」（一七〇）「帰去来、魔郷には停まるべからず」（七祖、四〇六）は、帰郷、自己存在のもとへ帰れの命令、居場所転換の動機である。「極楽に生れなば……故郷に帰るがごとし」（七祖、八九六）「阿弥陀如来正覚浄華」（七祖、一二〇）は、帰郷の内容開示であろう。招喚は応答を含むから、居場所は呼応の場である。そして動機への乗託が回心にほかならない。「煩悩具足と信知して　本願力に乗ずれば　すなはち穢身すてはてて　法性常楽証せしむ」（五五二）とあるように、回心は仏力による。回心があらわれて「極重悪人唯称仏」となる。つまり「極重悪人」と聞き開くことは、自己堡塁の開城にほかならぬ。

「我亦在彼摂取中」。あきらかに句は、居場所発見の雄叫び、盲人の開眼のごときであろう。句は、迷い人への北極星と言える。「摂取心光」が「唯称仏」と現れ、「摂取中」として居場所となる。つまり尽十方無礙光如来は、一切衆生の住む場所にほかならぬ。ゆえに念仏相続は、居場所自覚の反復と言える。居場所は「大行」（一四一）の開くところとして、動的性格をもつ。念仏者は名号から生まれるという面と業を内縁として父母を外縁として生を享けたという面、仏子と凡夫という両面をもつ。そして両面の関係が念仏生活のリズムを構成。称名は両面の統一の証明にほかならぬ。

「地獄は一定すみか」(八二二)「ココロハ浄土ニアソフ」(浩々洞、二二三二)。同じ親鸞の言葉である。絶対矛盾をここに看取し得よう。絶対矛盾であるから両者を媒介する何ものもない。絶対矛盾は、そもそも対立に入り得ない。絶対矛盾の自己同一としてのみ、絶対矛盾は語られ得る。それゆえに矛盾の解消が言わるべきならば、絶対矛盾に死にきるということのほかにない。領解は、自己の死を意味するのである。「仏法には無我にて候ふ」(一二八二)とあるように、領解は「無我」。「無我」は脱自。念々称々脱自。「我亦在彼摂取中」は、脱自をいう。

「当流真実の信心に住して」(一一四九)。「われも六字の　うちにこそ住め」。「この会の四衆、一時にことごとく見たてまつる。かしこにしてこの土を見ること、またまたかくのごとし」(七五)――間に何もない二つの合わせ鏡のように、彼土と此土が映し合う。以上の諸文は、居場所の個人的主観を脱した世界性を伝えるであろう。主体性と超主体性が一つ――そこの開けを世界性と呼ぶ。それゆえに「自己」のなかに居場所があるのではない。場所において、信心・名号において自己がある。『大経』「十方来生」(七〇―八一)『小経』「証誠段」(一二五―一二七)は、「諸仏称揚の願・諸仏称名の願・諸仏咨嗟の願」(一四一)の展開、居場所の開説であろう。すなわち「唯称仏」は、「十方世界の無量の諸仏」(一八)をそのもとに摂む。「諸仏の護念証誠は　悲願成就のゆゑなれば　金剛心をえんひとは　弥陀の大恩報ずべし」(五七一)は、諸仏の功徳を悲願に集め、集中点の世界性・広大無辺を語るであろう。称名は世界の自覚点と言える。「諸仏の護念まことに疑ひなし、十方同じく称讃し悦可す」(四八六)とあるように、諸仏護念の集中点に念仏者は在る。広大無辺は「平等覚・平等力」(五五七)にほかならないから、居場所は自他対立の比較を脱け出る。また、居場所は「光明のなかに摂めおきまします」(一二〇七)という功徳の場、「かくのごときの妙華は、これもと法蔵菩薩の願力の所成なり」(九九)の華座である。「蓮の花の上に寝さしてもらっとるだけのう[38]」――華座が源左の居場所であった。念仏者は「如来大悲の恩徳……師主知識の恩徳」（六一〇）においてある。〝われあり〟の〝あり〟は恩徳にほかならぬ。そして名号の功徳において、念仏者は「信心よろこぶそのひとを　如来とひとしときたまふ」（五七三）と褒められる。居場所は、諸仏が走馬灯のごとく中心を交換し合う場、相互礼拝・讃嘆の場、回互関係の場にほかならぬ。そういうヴィヴィドなつながりを含んで、「四海のうちみな兄弟なり」（七祖、一一二〇）。これ、諸仏との生の共同、「諸仏の家」（一四六）である。

「慶ばしいかな、心を弘誓の仏地に樹て、念を難思の法界に流す」（四七三）は、居場所の感情的讃歎であろう。宗教的生は歓喜である。なお、「この在所に居住せしむる根元は、……あはれ無上菩提のためには信心決定の行者も繁昌せしめ、念仏をもまうさんともがらも出来せしむるようにもあれかしと、おもふ一念のこころざしをはこぶばかりなり」（一一八七―一一八六）における「この在所に居住せしむる根元」は、居場所の当為的性格を語る。居場所は、当為と精進の場である。以上あきらかなように、居場所は表象された彼岸でなく、〝いまここ〟と別ではない。既述のように、「生死即涅槃」は現実即絶対ということであった。居場所はそういう現実にほかならぬ。

「煩悩障眼雖不見　大悲無倦常照我」。「煩悩にまなこさへられて　摂取の光明みざれども大悲ものうきことなくて　つねにわが身をてらすなり」（五九五）。『偈』『和讃』の通り、念仏者は「不見」においてある。これは動かせない事実、認めざるを得ないであろう。それでは後句は何に基づくのか。同じ問いが前句に撥ね返る。「不見」の発言根拠は何か。そもそも「不見」とはどういうことか。ただの「不見」ならば、後句も成立しないではないか。「『若シ人見ル二般若ヲ一是即為スレ被レタリトレ縛セ。若シ不ルモレ見二般若ヲ一、是亦為スレ被レタリトレ縛セ。若シ人見ル二般若ヲ一是即為シ二解脱ト一、若シ不ルモレ見二般若ヲ一、是亦為ス二解脱ト一』。此ノ偈ノ中ニ説カク。『不ルレ離レ二四句ヲ一者ヲ為シレ縛ト、離レル二四句ヲ一者ヲ為ストイヘリ二解脱ト一』」（一、三七二）。『略論安楽浄土義』は、「見」「不見」について一義的な理解を許さぬ。

それぞれが二義的、「見」と一つの「不見」、「不見」と一つの「見」である。「見」を知らない人は、「不見」を知らぬ。「不見」を知らない人は、「見」を知らぬ。「見」にあらず「不見」にあらず、しかも「見」であり「不見」である。二義のまま一義透明――それが「離四句」であろう。光寿二無量は、「見」も「不見」も離れる。「日月、重暉を戢めて、天の光も隠れて現ぜし」(二一五)「光明月日に勝過して　超日月光となづけたり」(五五九)は、「威曜十方に朗らかならん」(二一五)から「不見」を開く。すなわち『偈』は、感性的な「見」も「不見」も語っていない。いわゆる感性に如来との接点はない。六根から信は生じない。ゆえに「無根の信」(二八六)。浄土は六根に依拠する実証によって接近されない。浄土は実証科学の絶対の彼岸である。六根の生活に頭出頭没するかぎり、浄土は決してわからぬ。その意味で如来を見たとか声を聞いたとか言えぬ。「たとへば日光は四天下にあまねけれども、盲者は見ざるがごとし。日光のあまねからざるにはあらず」(七祖、五三)と説かれるように、光が照っていないのでなく「無明の病に盲ひられて」(七祖、一〇四九)光が見えないのである。自己は、光に対して閉ざすが闇に向って限りなく開く。「花鳥風月にもこころをよせず」(一一八七)と、蓮如は言う。自然観照は仏教ではないというのである。ゆえに「峰の色渓の響きもみなながら我釈迦牟尼の声と姿と」[39]は、自然観照とは全く別のことである。「信」の宗教がそうであるように、「見」の宗教もそう簡単ではない。

「なんぢはこれ凡夫なり。心想羸劣にしていまだ天眼を得ざれば、遠く観ることあたはず。諸仏如来に異の方便ましまして、なんじをして見ることを得しむ」(九三)。「たとひ見聞のものありとも、驚怪するを須ゐず。なにをもつてのゆゑに。すなはち弥陀仏の三昧力ほかに加するによるがゆゑに見ることを得。ゆゑに見仏浄土三昧増上縁と名づく」(七祖、六二四)。「世尊、われいま仏力によるがゆゑに、無量寿仏および二菩薩を見たてまつることを得たり」(九六)。以上の法文、仏力における見仏を説く。また、「『心歓喜得忍』といふは、これ阿弥陀仏国の清浄の光明たちまちに現前に現ず」（七祖、三九〇）「この心すなはちこれ無量光明慧によりて生ずる」（二五二）「それ衆生ありて、この光に遭ふものは、三垢消滅し、身意柔軟なり」（二九）に鑑みるに、「見」は仏光の照破にほかならぬ。光明がなければ「見」も「不見」も言えぬ。つまり「不見」と言い「見」と言うも光明においてである。それゆえに「大悲無倦常照我」は、光明の自証と言わなければならない。

「いま仏、慈愍して大道を顕示したまふに、耳目開明にして長く度脱を得」（五九）。「耳目開明」とは、五官・六根の身見からの解放、度脱における感性である。すなわち「聞名見仏の願」（二三、脚註）の成就として、感性・理性が真理証明の場となる。「一切の荘厳、応に随ひて現ず。微風やうやく動きてもろもろの枝葉を吹くに、無量の妙法の音声を演出す。その声流布して諸仏の国に遍す。その音を聞くものは、深法忍を得て不退転に往す。仏道を成るに至るまで、耳根清徹にして苦患に遭わず。目にその色を覩、耳にその音を聞き、鼻にその香を知り、舌にその味はひを嘗め、身にその光を触れ、心に法をもつて縁ずるに、一切みな甚深の法忍を得て不退転に住す。仏道を成るに至るまで、六根は清徹にしてもろもろの悩患なし」（三三―三四）。仏説は、眼・耳・鼻・舌・身・意、六根・全身心が真理証明の場にほかならないことを教える。これほど具体的な証はない。「本師源空のをはりには　光明紫雲のごとくなり　音楽哀婉雅亮にて　異香みぎりに映芳す」（五九八）も、絶対における感性の讃歎であろう。もし感覚器官が考慮の外に置かれるならば、説教も聞法もない。およそ宗教活動が考えられぬ。「解脱の耳をすまして……」（一一四三）は、転法輪における感覚器官の深い意味を語るであろう。「耳目開明」「解脱の耳」とは、感性と超感性の絶対の同一をいう。そこから見れば、超日月光は日月の光と別ではなかろう。光が声、声が称名となるから、「大悲無倦常称我」は「唯能常称如来号」と同義。ここでも親鸞は本願名号を称えている。

しかし肉身を保つかぎり我見・我執は、否定態においてであれ生涯まとわりつく。いのちのあるかぎり煩悩が残る。そういうかたちで我見・煩悩が真如の光を遮る。「煩悩障眼雖不見」は、この事実を言葉にもたらして深いリアリティーを湛えるであろう。すなわち『偈』のいう煩悩は、大悲光中における煩悩、破無明の天空にかかる雲霧、透明における翳りと言わねばならぬ。それで影において光を見るとも言えるし、光において影を見るとも言える。最も明るいものは、最も闇いものと一つに現れる。両句から光と影の共演・「遊戯」（二四三、三二三、三三四）を看取し得るであろう。共演・「遊戯」において煩悩が創造的・積極的な意味をもつ。影は光が照っているということ、阿弥陀仏の証明にほかならぬ。

以上によって、「煩悩障眼雖不見」を感性的領域に「大悲無倦常照我」を超感性的領域に描くこと、二世界論的に分けるのは、『偈』の意に当たらないのはあきらかである。『偈』は、感性的と超感性的という区別に足場を置いていない。もしそういう区別・二世界論を立ち位置にすれば、二句ともに観念表象にすぎなくなる。宗教的生という絶対現実から足を浮きあがらせる。すなわち、感性・超感性という区別を突破したところが『偈』になったと言わねばならない。さて、形而上学は現象界と叡知界、感性界と超感性界という区別に立脚する。そのかぎり『偈』は、形而上学の思考には入って来ない。『偈』の形而上学に対する否定性は、正信念仏において感性・理性をどのように考えるかという課題、信における感性と理性の問題を喚起するであろう。ところで感性が現象界に理性が叡知界にかかわるならば、超日月光は感性の突破、不可思議光は理性の突破でなければならぬ。「南無不可思議光……超日月光照塵刹」が、ここに聞こえて来る。仏光が理性も感性も一挙に貫通。仏光において理性も感性も共通の根をもつ。「身も南無阿弥陀仏、こころも南無阿弥陀仏」（一三九〇）。そこにおいて感性と理性は相互貫入、両者とも換骨奪胎され区別の意味がなくなる。仏光における感性・理性は、いわゆる感性・理性ではない。『偈』において形而上学的思考が絶対否定に直面するとは、感性も理性も単にそれとしては名号の真理証明の場でないこと、宗教的真実はそこに接点をもたないことを意味する。翻って貫通する仏光において、感性も理性も名号の真理証明の場となる。宗教的真実をめぐって感性・理性ともに絶対否定即肯定される。両者が絶対否定即肯定的に宗教的真実をめぐる。感性と理性に関して宗教的真実の証の有無、隠蔽と顕現が同時に成立するのである。絶対の二義の一義透明における感性・理性と言える。

本師源空明仏教
憐愍善悪凡夫人
真宗教証興片州
選択本願弘悪世

「本師」が冠せられているのは、『偈』では曇鸞・源空の二師。『高僧和讃』では龍樹・曇鸞・道綽・源信・源空の五師である。もちろん「本師」の意は七高僧に通じる。それにもかかわらず、源空は親鸞の直接面受の師であるから特別の思いがあったであろう。「源空讃」を誦すると、師への思慕崇敬の念が切々と迫る。「凡夫ノ智解ハ必ズ依レテ師ニ生ズ、自ラ不レ能レ解ルコト、其ノ恩実ニ深シ」(四、三三一)。「師の事はおろそかならず候。恩の中にふかき事これにすぎ候はず」(四、六四七)。「一切の梵行の因は善知識なり。一切梵行の因無量なりといへども、善知識を説けばすなはちすでに摂尽しぬ」(四〇六)。善知識は仏道修行の全体、全因縁。「知識伝持の仏語」(九四四)は、三世十方の諸仏の功徳、師資相承の功徳の集中点である。師の自督己証がそのまま私において開ける――それが相承。「第一真実の善知識は、いはゆる菩薩・諸仏なり」(四〇九)。「釈迦諸仏、これ真実慈悲の父母なり」（五五〇）。「諸仏如来、ともに妙法を単伝して、阿耨菩提を証するに、最上無為の妙術あり。これたゞ、ほとけ仏にさづけてよこしまなることなきは、すなはち自受用三昧、その標準なり」[40]も、仏正覚における伝承を示す。「自受用三昧」は念仏三昧。つまり名号における相承であるかぎり、それは個人的・主観的ではなく底なく個人性・主観性を脱する。万象森羅の覚醒、「山川草木悉皆成仏」――相承が生起するのは、そういう場である。それゆえに、「たれに相伝したる分もなくして……われよりほかは仏法の次第を存知したるものなきやうに、おもひはんべり」（一一五七―一一五八）と誡められるように、仏教は絶対に独学できない。善知識における「法のいはれ」から「わが信のあさきをも直され候はん」（一一一三）も起こる。善知識に依らねばかならず我流となる。師との遭遇によってはじめて弟子が誕生。「信巻」「真仏弟子釈」に鑑みるに、親鸞は終生弟子の立場を守った。「親鸞は弟子一人ももたず候ふ」（八三五）は、弥陀に直面して指導者の立場が奪われることを語るであろう。逆に言えば、指導者意識は仏道の最大の敵対者である。以上を受けて「本師」を冠する源空章は、師の讃嘆からはじまる。

「明仏教」には深い含意があろう。『往生要集』は日本浄土教の黎明ではあった。しかし源信は横川に隠栖したものの、叡山天台宗にとどまることができなかった。源空も「智慧第一の法然房」と尊敬される叡山きっての学僧であったが、彼は天台旧仏教にとどまることができなかった。「南無阿弥陀仏　往生の業には、念仏を先となす」（七祖、一一八三）「それすみやかに生死を離れんと欲せば、二種の勝法のなかに、しばらく聖道門を閣きて選びて浄土門に入るべし」（七祖、一二八五）には、仏日暁雲を離るるの観がある。この法文、聖道と浄土の分水嶺をふまえて浄土を指す道標であろう。聖道と浄土の両斜面を俯瞰する展望のなかから念仏の一門が誕生した。仏教の大山脈の踏破・苦闘のなかから浄土法門の開顕を伝えて、「明仏教」の一語は重い。

「しかるにわがこの身は、戒行において一戒をもたもたず、禅定において一もこれをえず、智慧において断惑証理の正智をえず、これによて戒行の人師釈していはく、『尸羅清浄ならざれば、三昧現前せず』といへり。又凡夫の心は物にしたがひてうつりやすし、たとふるにさるのごとし、ま事に散乱してうごきやすく、一心しづまりがたし。无漏の正智なに、よりてかおこらんや。もし无漏の智釼なくば、いかでか悪業煩悩のきづなをた、むや。悪業煩悩のきづなをた、ずは、なんぞ生死繋縛の身を解脱する事をえんや。かなしきかな〳〵いかがせん〳〵。こ、にわがごときは、すでに戒・定・慧の三学のうつは物にあらず、この三学のほかにわが心に相応する法門ありや。わが身にたへたる修行やあると、よろずの智者にもとめ、もろ〳〵の学者にとぶらふしに、おしふる人もなく、しめすともがらもなし。しかるあひだ、なげき〳〵経蔵にいり、かなしみ〳〵聖教にむかひて、てづから身づからひらきて見しに、善導和尚の『観経の疏』(散善義)にいはく、『一心専念弥陀名号、行往坐臥不問時節久近、念念不捨者、是名正定之業、順彼仏願故』といふ文を見えてのち、われらがごとくの无智の身は、ひとへにこの文をあふぎ、もはらこのことはりをたのみて、念念不捨の称名を修して、決定往生の業因にそなふべし。たゞ善導の遺教を信ずるのみにあらず、又あつく弥陀の弘願に順ぜり。『順彼仏願故』の文ふかくたましゐにそみ、心にとゞめたる也」(四、六七九―六八二)。『和語燈録』、鮮やかに法然の回心を伝える。「善導の遺教」「弥陀の弘願」は、全身全霊を挙げる求道から遭遇されたのである。それは宗教的天才の仏教修行にかかわる限界の自覚であるとともに、法然における本願の成就証誠、「聖道門の修行は、智慧をきわめて生死をはなれ、浄土門の修行は、愚癡にかへりて、極楽にむまる」(四、二一九)という名号の論理の貫徹であった。法然は「戒定慧の三学」の外、「門余」(三九四)の法門に出たのである。「三選」(七祖、一二八五)は、法然の選択であるとともに弥陀の選択、「念仏はこれ法蔵比丘、二百一十億のなかにおいて選択するところの往生の行なり」(七祖、一二八三)であった。以上、選択は両義を含む。そして弥陀における一義透明、根底において弥陀に規定される。「源空三五のよはひにて　無常のことわりさとりつつ厭離の素懐をあらはして　菩提のみちにぞいらしめし」（五九六）は、法然に現れる名号を讃じる。本質において「無常のことわり」も「菩提のみち」も名号に摂まる。修行は法然に焦点を結ぶ名号の歴史的展開でなければならぬ。実存の問題と歴史の問題が交わるところに法然が立つ。要するに「明仏教」は、実存と歴史のことわりの開顕と言わなければならない。

「憐愍善悪凡夫人」。「憐愍」には二義があろう。あきらかに文脈は、源空の「憐愍」を指す。しかし、「親見諸仏浄土因　国土人天之善悪」を受けそのまま弥陀の悲心である。「憐愍」において弥陀と源空が映し合う。このように「善悪凡夫人」は、悲心のなかにある。「慈悲深遠にして虚空のごとし、智慧円満にして巨海のごとし」（四八五）の光照を蒙る「善悪凡夫人」と言える。ところで、「一切善悪凡夫生ずることを得るものは、みな阿弥陀仏の大願業力に乗じて、増上縁となさざるはなし」（七祖、三〇二）「弥陀智願の広海に　凡夫善悪の心水も　帰入しぬればすなはちに　大悲心とぞ転ずなる」（六〇七）に鑑みるに、本願の前では善悪の区別が意味を失う。「この如来の名号およびかの国土の名号、よく一切の悪を止む」（七祖、一〇六）とあるように、名号は一切の悪を離れた絶対善である。そういうかたちで相対的善悪を離れた絶対的視圏が開かれる。「よき人にもあしきにも」（八一二）は、その視圏からの照用であろう。視圏において「極重悪人唯称仏」と通底する。

「真宗教証興片州　選択本願弘悪世」。親鸞には開宗の意が毛頭なかった。立教の功はすべて師に帰せられている。『御伝鈔』の「真宗紹隆の大祖聖人（源空）」（一〇四四）は、この意を受ける。もちろん「教行信証」の四法を代表して教証。「教行信証」は宗教的生にほかならないから、「教証」はそういう生を現す。ところで、注目すべきは「証」の一字。「証」を抜きにして宗教的生は考えられぬ。「証」がなければ「信」も主観的想念にすぎぬ。つまり宗教的実存は、何らかのかたちで「真実証」を含む。次に「興片州」も深い意味がある。「本師源空世にいでて　弘願の一乗ひろめつつ　日本一州ことごとく　浄土の機縁あらはれぬ」（五九五）は、この句の敷演であろう。「片州」といい「日本一州」というも、「教証」の個人を超えた開けを語ると思う。源空がいかに天才であろうとも、「真宗教証」は人間源空に占める場をもたぬ。ゆえに宗教的実存は、いわば天地万物と一つに成立する。山河大地が教えを説き証を示す。すべての存在するものが、「教証」となる。「選択本願弘悪世」は、貴族仏教の高嶺の花を末代悪世の庶民の手の届くところにもって来た源空の仕事、「煩悩具足のわれらは、いづれの行にても生死をはなるることあるべからざるを、あわれみたまひて願をおこしたまふ本意」（八三四）の実現であった。法然は、ヨーロッパの宗教改革者にも比すべき仏教の革新者と言える。

還来生死輪転家
決以疑情為所止
速入寂静無為楽
必以信心為能入

前半の二句、後半の二句、それぞれ一まとまりになっている。そして第一句と第三句、第二句と第四句が対応、見事なハーモニーを醸し出す。初句はまことに厳しい。人生の全体がこの句に包摂されるであろう。人生のなかに「生死輪転家」でなく、「生死輪転家」のなかに人生がある。人生は曠劫流転の一角、生死輪廻の場にほかならぬ。「家」は住む場所。住むはあり方の全体を包摂する。「家」は自己の全体をあらわす。また、「家」は愛欲の場として凡夫・世間を象徴する。「還来」は還り来る「流転の故郷にかへらん」（一三九九）こと、「輪転」と相俟つて「家」の動的性格・三界流転・円環構造を語るであろう。

「一念の妄心によりて、生死の界に入りにしよりこのかた、無明の病に盲ひられて、久しく本覚の道を忘れたり」（七祖、一〇四九）に鑑みるに、「還来生死輪転家」は「一念の妄心」によって惹起された。「一念の妄心」は、時のなかで起こったのではない、むしろ時の流れを引き起こした。時のなかにあるものは、流れ去るのみで流れを引き起こすことができぬ。時は何処からか来て何処かへ消えてゆく。その何処がわからぬ。ゆえに時のなかに「一念の妄心」があるのではなく、「一念の妄心」のなかに時がある。時のなかにないものは、時のなかに終わりをもたぬ。時は無始・無終。無始はそのまま無終、無終はそのまま無始である。無始・無終は、時の全体を摂め時は無限大の輪となる。時は意味もなく目的もなく、どこまでも時そのものに流れ入る。すなわち「生死輪転家」は、永遠に回帰しそこから出ることのできない無限大の円環だと言える。「しかるに無始よりこのかた、一切群生海、無明海に流転し、諸有輪に沈迷し、衆苦輪に繋縛せられて、清浄の信楽なし、法爾として真実の信楽なし」（二三五）は、そういう円環における衆生のあり方を語るであろう。常識的な時間理解は、つねにある幅をもつ。時間は計算できる何物かであるという表象を物理学は離そうとはせぬ。また、ドストエフスキーは「時は数字だ」と言う。すなわち「無始」は、私たちの時間表象のなかに入って来ない。

「無始」は、量的規定ではない。「疑情」は「一念の妄心」「無明」と同義。「生死輪転家」の根源に「疑情」がある。「疑情」が「生死の苦海」（五七九）を根底から規定、それを離れる一瞬もない。「以所止」は、「疑情」のそういう制約を語るであろう。「煩悩の王を無明といふなり」（五七二、異本左訓）に鑑みるに、あらゆる悪業煩悩は無明に収斂、無明はそのもとに三業を集める。「無明に縁って行あり」（十二縁起）。「善悪自然にして行を追うて生ずるところなり」（五六）「業に引かれて流転生死すること一刹那もとどまらず」（道元）は、流転輪廻を行為において説く。無明は、因果展開の場と言わねばならぬ。「展転してあひ生ず」（七二）とあるように、「五痛・五焼」（七一）を相互媒介するのは因果、その全体を無明が統べる。無限の円環は因果連鎖。「還来生死輪転家」は、廻る因果の歯車にほかならぬ。煩悩が無明に由来するから、迷いの根因は疑無明、煩悩ではない。

　輪廻の主体が言わるべきならば、それは因果をそのもとにおさめる集中点のほかになかろう。「自作自受也」（二、七〇二）「身みづからこれを当くるに、代るものあることなし」（五六）「大空の中にいても、大海の中にいても、山の中の奥深いところに入っても、およそ世界のどこにいても、悪業から逃れることのできる場所は無い」[41]は、この集中点をあらわす。集中点において行為は、どこまでもそれ自身に流れ入る。自己から行為を見るのでなく行為から自己を見る、行為が自己であると言わねばならぬ。ここに日常的な自己把握—まず、自己があって行為がある—の逆転が考えられるであろう。それで「自然の三塗の無量の苦悩」（六五、六八）「数《ことわり》の自然」（七〇）に集中点の開展を読みとることができる。「自作自受」「自業自得」は自己責任にほかならないから、自己同一性（identity）も具体的にはこのほかには考えられない。

　時の流れが「疑情」にもとづくかぎり、時のもとは時のなかにない。時は超越をふまえる。時の超越構造は、「一念の妄心」が真如との関係の場で起こったことを意味する。「一切のもろもろの罪は、性みな如なり」（七祖、一〇二〇）は、これを語るであろう。以上を受けて、「疑情」は二重構造を示す。本願に対する疑惑であるかぎり、「疑情」は本質において本願の外に出ない。他面、疑惑であるかぎり本願との断絶を言わねばならぬ。「無上上は真解脱　真解脱は如来なり　真解脱にいたりてぞ　無愛無疑とはあらはるる」（五七二）に鑑みるに、「疑情」によって凡夫は如来と限りなく隔てられる。疑惑はそういう二重構造を蔵する。断絶は永遠からの墜落と生の変質・腐敗にほかならぬ。それは時が死んでいること、計画だとか予定だとかいうような鋳型をはめられた時、経済性に基づく市場の時、いわば悪魔に売り渡された時を生きていることを意味する。人間を絶望的に縛る時に関する底抜けのペシミズムがもたらされたのである。「このたびむなしくすぎなまし」（五九六）「一期はむなしく過ぎて」（一一〇二）「いたづらにあかし、いたづらにくらして」（一一六七）に、いま述べた時を看取する。すなわち如来のいのちと凡夫のいのちは、絶対に異質的と言わねばならぬ。

三〇数億年前に地球にいろいろな好条件と偶然とが重なっていのちが誕生、長い生物進化の過程を経て人間という生命に到ったと言われる。なるほど深山巨木の種子一粒にも、そういう悠遠のいのちが感得されるであろう。しかし、それは直ちに如来のいのちではない。「弥陀如来は命のあるじにてまします」は、それとは全く別のことである。如来は生物学的生命でもその延長でもない。如来のいのちは科学的視野からの接近を峻拒、進化論の遠近法に如来は入って来ぬ。したがっていのちの継承としての祖先崇拝は、宗教的には何の意味をももたぬ。巷間いわれる死後の世界は、故人への遺族の感情投影にすぎぬ。「親鸞は父母の孝養（追善供養、脚註）のためとて、一返にても念仏申したること、いまだ候はず」（八三四）は、この間の決定的な道標であろう。

「慈心をもつて教誨して、それをして善を念ぜしめ、生死・善悪の趣、自然にこれあることを開示すれども、しかもあへてこれを信ぜず。心を苦きてともに語れども、その人に益なし。心中閉塞して意開解せず」（七〇）は、因果の歯車が閉じた輪であるを説く。自己責任における輪廻（輪を閉じたのは自己）であるかぎり、流転の時から出る道はない。また、出る方法も知らぬ。「もしまたこのたび疑網に覆弊せられば、かへってまた曠劫を経歴せん」（一三二）は、出る道を見失った「生死輪転家」を説く。そして教説のもとに、三世・超越の視点が開かれている。「大命まさに終らんとするに、悔懼こもごも至る」（七〇）と説かれるように、そういう視点は死と一つに生を見る。仏説のように、この世のあらゆる営みは絶望と破滅をもって報われるであろう。

「本願毀滅のともがらは　生盲闡提となづけたり　大地微塵劫をへて　ながく三塗にしづむなり」（五九三）は、有限性が限りなく続く、つまり悪無限として「生死輪転家」を開示するであろう。有限性とは「人間のかなしさはおもふやうにもなし」（一一六四）とあるように、自己主張の抑圧にほかならぬ。ゆえに悪無限は、悲哀・苦悩の尽きることがないことを意味する。自己主張の抑圧は、悲哀と苦悩の根源であるから。「生死輪転家」は、悲哀と苦悩のすみかである。「曠劫よりこのかた流転して、六道ことごとくみな経たり。到る処に余の楽なし、ただ愁嘆の声を聞く」（七祖、四〇六）。

「人間は善か悪か選択の自由をもっていた。しかし選択しないという自由はなかった。それを人間は悪の方向に使ってしまった」（シェリング、人間的自由の本質）。思想的背景は異なるが「一念の妄心」「忽然念起無明」を悪への自由の現実化と転釈したい。「悪の方向に使ってしまった」は、善への復帰の道を閉ざしたこと、善への自由はないことを意味する。「本願醍醐の妙薬」（二九六）を飲む、本願に信順する自由は人間にはない。そういう自由を奪うかたちで無始無明が念起した。断絶はかくも徹底的である。それゆえに復帰が考えられるとすれば、絶対に他なる方向からでなければならぬ。

「速入寂静無為楽　必以信心為能入」。「生死輪転家」と「寂静無為楽」、「疑情」と「信心」、「所止」と「能入」、それぞれ逆対応する。前二句と見事な対句をなして源空章が結ばれる。

「疑情」と「信心」は対立緊張関係に立つ。「三心すでに疑蓋雑はることなし」（二四五）によって、このことはあきらかであろう。そのかぎり、「疑情」に量的差異はない。「疑情」を少しずつ軽減して連続的に「信心」に近づくのではない。「化土の行者」（六〇六）も「難化の三機」（二九五）「難治の三病」（二九五—二九六）も「報土の信者」（六〇八）に対するとき、「仏智疑惑」（六一一—六一三）において質を一にすると言わねばならぬ。

「信心」と「疑情」の対立・断絶は、「疑情」が「疑情」によって、闇が闇によって晴れないことを意味する。そのかぎり真如への復帰の門は、永劫に閉ざされている。「まことにこれ大小・凡聖、定散自力の回向にあらず。ゆゑに不回向と名づくるなり。しかるに微塵界の有情、煩悩海に流転し、生死海に漂没して、真実の回向心なし、清浄の回向心なし。このゆゑに如来、一切苦悩の群生海を矜哀して、菩薩の行を行じたまひし時、三業の所修、乃至一念一刹那も、回向心を首として大悲心を成就することを得たまへるがゆゑに、利他真実の欲生心をもつて諸有海に回施したまへり。欲生すなはちこれ回向心なり。これすなはち大悲心なるがゆゑに、疑蓋雑はることなし」(二四一)。右、「このゆゑに」の一語に注目したい。これ、「回向心」の由来を示す。衆生が真如への復帰の門を閉ざしたゆえに、それは如来から開かれるほかにない。「仏智不思議」(五六八)のほかに、「疑情」の晴れるということはない。断絶の超克は真如による。「欲生の体」は「真実の信楽」であるから、偈句は「欲生釈」の要約と言える。釈を受けて「信心」は、「輪転」の円環からの出口。そのほかに出口はない。「信心」は、「生死輪転家」から「寂静無為楽」への転成にほかならぬ。「速入　能入」は、まさに「信心」の活溌溌地を伝えるであろう。既述のように、「生死輪転家」は永遠に回帰する無限大の円環であった。ところで出口は単に円環の一点ではない。むしろ、円環そのものの消滅と言える。その理由は次のところにあろう。無限の時の輪は、無始が無終、無終が無始ということであった。つまりあらゆる瞬間が、無始・無終として輪の全体を現す。出口とは時から出る—「娑婆をいでん」(五九三)—ことにほかならないから、時の輪の全体が「生死輪転」という性格を脱する。これ、時の輪そのものの消滅にほかならぬ。「速入寂静無為楽」とは、そういうことである。そのようなかたちで報土の信者は、あらゆる瞬間に始源と終末に同時に立つ。同時とは、絶対現在と無始無終を共軛する瞬間をいう。

時は刹那刹那に生成・消滅する。生成がそのまま消滅。〃まだ来ない〃から〃もう去った〃への転換——

それが無常迅速ということであるが、その刹那はわからぬ。〝いま〟はわからぬ。「命濁中夭刹那にて　依正二報滅亡し」（六〇二）「もしただいまも無常の風きたりてさそひなば…」（一一〇〇）における「刹那」「ただいま」がわからぬ。〝いま〟をさとるのは如来のみ。無常は常住と一つに、時は永遠と一つに自覚されるのである。そういう自覚領解に〝生死を出る〟ということがある。すなわち消滅において円環は全容をあらわし、信心は無始・無終の自覚にほかならない。「久遠劫よりいままで流転せる苦悩の旧里はすてがたく、いまだ生れざる安養浄土はこひしからず候ふこと、まことによくよく煩悩の興盛に候ふにこそ」（八三七）は、信心の光のもとに全容をあらわした無始・無終、自我の構造そのものであろう。「弥陀の名願によらざれば　百千万劫すぐれども　いつつのさはりはなれねば　女身をいかでか転ずべき」（五八九）も、同じ消息を伝える。信心の光沢を受けて「無始よりこのかたの無明業障のおそろしき病」（一一九九）とは、〝いま〟のことであると言える。そこに無始・無終はその意味を転じるであろう。すなわち「聖徳奉讃」（六一五―六一六）の語るように「護持養育」における無始となる。同じことであるが、過去「五十三仏」（九―一一）は私の流転輪廻を照らす光育である。無終は「浄土無為を期する」（五九三）という祝福の将来となる。そういう意味転換は、「仏法のもろもろの徳海は、三世同じく一体なり」（七祖、八九九）「已今当の往生は　この土の衆生のみならず　十方仏土よりきたる　無量無数不可許なり」（五六一）と讃じられるように、無限の時空をそのもとに集める「至徳の尊号」（一三二）による。世界に始めがある始めがない――カント純粋理性の二律背反であった。しかし時から出るとは、問題が実存の場に移されて二律背反の問題そのものが解消されることにほかならぬ。

「却きて受生の無際なることを推するに、空性と同時なり。……この道理をもつて推勘すれば、一切の衆生さだめて心識あり。もし心識あらば、すなはち空際と同時にありてあらん。もし空際と同時にありといはば、すなはちただ仏と仏とのみ本元を知ることを得たまはん」（七祖、七九三）。『般舟讃』の教えるように、無始・無終を知るは、仏智・絶対知による。信心の智火に焼かれて、生死流転の時が死ぬとともに創造の時が生きる。そういうかたちで「信楽開発の時剋の極促」（二五〇）において、時から出るとともに時に入る。「極促」は、時に臨現する永遠にほかならぬ。これ、時の完成・時熟、「時節到来」（一一七一、一二六五）である。以上あきらかなように、前二句は後二句から真理証明されて、「信心」の光による「還来生死輪転家」の自覚となる。「至徳の尊号」において無限大の時の輪がそれとして全貌をあらわすわけである。前二句は自覚即超越という動的構造において成り立つ。久しく忘れた「本覚の道」（七祖、一〇四九）がそれとして輝く。それはもちろん名号のことわりの活溌溌地にほかならない。すなわち、前二句も後二句も無量寿無量光の開展、前後相俟って名号の徳を讃ずる。前二句において「機の深信」を読めば、後二句において「法の深信」に参じる。名号の論理のひらくところとして前者は流転の歴史、後者は救済の歴史の開顕と称えられるであろう。

弘経大士宗師等
拯済無辺極濁悪
道俗時衆共同心
唯可信斯高僧説

「弘経」は「大士宗師等」にかかる。「大士」は龍樹・天親の二菩薩。宗師は曇鸞・道綽・善導・源信・源空の五師。つまり初句は、「弘経」の三国七高僧を挙げて「依釈段」冒頭の四句と照応、『偈』が結ばれる。まず第二句の「無辺極濁悪」に注目したい。句は悪の問題を無限の深さとひろがりで語る。「凡愚底下のつみびと」（五七〇）の「底下」について、「そこ、われらは大海の底に沈めるとなり」（五七一、脚註）という左訓がある。通常、私たちは悪を自分の悪として自我のなかに閉じこめ、個人的・内在的に考えている。しかしそういう考え方に、句は入ってこない。既述のように、「一念の妄心」「無始無明」は真如から起こった（その理由は問えないが）。無明は、自他を分けぬ世界的ひろがりにおいて生起した。それとともに自他が分かれた。比較と苦悩がそこに根差す。「天道、施張して自然に糺挙し、網紀の羅網、上下相応す」（七二）は、悪業の世界的拡がりを示す。それゆえに一切衆生は、底辺を共有する無数の三角形に譬えられるであろう。そのかぎり個人だけを切り離した救いは考えられぬ。救済が言わるべきならば、一切衆生とともでなければならぬ。一切衆生の救いにおいてはじめて私の救いがあり、私の救いにおいてはじめて一切衆生の救いがある。救済とは、一即一切　一切即一の論理（慈悲の論理）の私における現成である。「われ無量劫において、大施主となりて、あまねくもろもろの貧苦を済はずは、誓ひて正覚を成らじ」（二四）に、この間の消息を看取し得よう。すなわち「拯済」は、両面をもつ。一は個をつきつめるという面、他は一切衆生とともにという面である。「往生は一人のしのぎなり。一人一人仏法を信じて後生をたすかることなり」（一二八四―一二八五）は前者を、「されば南無阿弥陀仏の六字のこころは、一切衆生の報土に往生すべきすがたなり」（一一九五）は後者を語る。両面の一つなるところが言葉にもたらされて、「弥陀の五劫思惟の願をよくよく案ずれば、ひとへに親鸞一人がためなりけり」（八五三）となった。どちらが欠けても「聖人のつねの仰せ」（八五二）に当らないであろう。

「拯済」は、「弘経大士宗師等」のはたらき、「無上大悲の願」（四八五）「如来の本願力」（一九〇）による。「拯済」は「無辺極濁悪」の転換、「転悪成善」（二五二）を意味する。あらゆる悪の転成が「拯済」の内実であるかぎり、救いに洩れる一塵もない。「名号不思議の海水は　逆謗の屍骸もとどまらず　衆悪の万川帰しぬれば　功徳のうしほに一味なり」（五八五）。すなわち名号において自己及び世界の限界局面が現前、「無辺極濁悪」が脱底的に底をつく。『偈』は善悪の問題を正面から受けると語った。いまこの問題が根本的な解決を見出す。

「道俗時衆共同心　唯可信斯高僧説」。ここに「六十行　一百二十句」の全体が、「信」に摂まる。さて、「唯可信斯高僧説」から強い命令、絶対命令が響く。さらに言えば、『偈』の全体が絶対の当為という性格をもつ。命令は名号自然の展開にほかならぬ。そこへ親鸞が没するかぎり、親鸞の命令ではない。彼は自己について何も語っていない。それには深い理由があろう。つまり「唯可信斯高僧説」と伝承に自己を託するは、名号の歴史的展開に没することにほかならぬ。親鸞はそういうかたちで鋭く自己を語ったのである。

次に、「同心」と「信」に注目したい。両者は異名の一義、内容を同じくする。後句にあきらかなように、「高僧説」が「信」となり「信」が「同心」となる。「大心海」（五五六、五八九）が、そのまま「同心」となる。「他力の信心は、善悪の凡夫ともに仏のかたよりたまはる信心なれば、源空が信心も善信房の信心も、さらにかはるべからず、ただひとつなり」（一〇五一）「それ末代の悪人女人たらん輩は、みなみな心を一つにして阿弥陀仏をふかくたのみたてまつるべし」（一二〇五）は、同じ消息を伝える。この超越構造のゆえに、「同心」には個人的・主観的な何ものも混在しない。主観と客観、観念論と唯物論を超える絶対唯心である。すなわち「道俗時衆共同心」は、個を前提する集合をいうのではない。「同心」のなかに「道俗時衆」があって、その逆ではない。個が残るかぎりどのような集合体（家庭、会社、学校、地方公共団体、国家等々）も、部分を交換する結びつきにすぎない。社会は、抽象なあるものと言わざるを得ないであろう。「かの安楽国土はこれ阿弥陀如来正覚の浄華の化生するところにあらざるなし。同一に念仏して別の道なきがゆゑなり。遠く通ずるにそれ四海のうちみな兄弟なり」（七祖、一一〇）は、本願力においてのみ個が開かれる、そこに全体の相互交換が成り立つことを説く。そういう交換は、個が全、全が個、孤独と集合がともに徹底される一を現わす。そこに個の全き自由と全き依属が同時に成立する。連帯性とか絆とかいうも、このほかに考えられない。

さて、浄土真宗が同朋教団を標するかぎり、結びの一句は教団に基礎を置くであろう。教団は名号において立つのである。

第三章　彼土と此土

この表題と関連して浄土と娑婆、正定と滅度、現世と来世、今生と死後等々いろいろな表現がある。微妙なニュアンスの違いはあるが、それらは本質的に同じ問題をめぐっている。多彩な表現は、問題の大きさと難しさを示唆するようでもある。特に浄土教にとって、問題はその核心を構成すると思われる。念仏者は彼土と此土の〝間〟に生きる。「いそぎまゐりたきこころなきものを、ことにあはれみたまふなり」（八三七）の悲心が〝間〟となる。〝間〟を生きる実存は正定聚、〝間〟は正定聚のあり方と言える。正定聚としての宗教的生が、〝間〟を構成するわけである。

無量寿無量光において、彼土も此土もない。名号はそのもとに彼土・此土を摂する。正定聚は、名号が実存になるの謂いであった。ゆえに正定聚において、三業四威儀が仏智に相応し大悲を行ずる。「それ衆生ありて、かの国に生るるものは、みなことごとく正定の聚に住す。ゆゑはいかん。かの仏国のなかにはもろもろの邪聚および不定聚なければなり」（四一）は、正定聚と浄土の菩薩との通底を説くであろう。「等正覚」（六〇四）「正道の大慈悲、出世の善根」（七祖、一二四）「自然虚無の身、無極の体」（三七）は、この通底・同質を語り出す。それは名号のことわりとして、彼土と此土を貫く必然性にほかならぬ。もちろん、「自力のこころにて、わが身は如来とひとしと候ふらんは、まことにあしう候ふべし」（七九五）「もし聖の解をなせば、みな魔障を被るなり」（一七九）という誡めは、心に留めなければならない。

「舎利弗、もし善男子・善女子ありて、この諸仏の所説の名および経の名を聞かんもの、このもろもろの善男子・善女子、みな一切諸仏のためにともに護念せられて、みな阿耨多羅三藐三菩提を退転せざることを得ん」（一二七）に鑑みるに、正定聚は諸仏証誠における往生の必然性なることはあきらかである。また、「正定の聚に住す」（四一）は、正定聚が個人的・実体的な何ものかでなく、住む場所であることを説く。「かの世界の相を観ずるに、三界の道に勝過せり。究竟して虚空のごとく、広大にして辺際なし」（七祖、一九）とあるように、正定聚は時空を超える闊さ、「無生の界」（七祖、一二六）に住む。〝間〟はそういう闊さにほかならない。その闊さにおける「往生し仏をみたてまつる」（五六二、左訓）。「往覲偈」（四二一―四七）「証誠段」（一二五―一二七）は、正定聚の成立する闊さを讃嘆すると思う。彼土と此土の〝間〟は、光寿二無量、「万善万行恒沙の功徳」（一一七九）によって規定される。そこを離れると、「偈」「段」ともに表象・説話にすぎないであろう。

絶対知から見れば浄土は〝いまここ〟、「惑染凡夫」から言えば「西方十万億土」である。「阿弥陀仏、此を去ること遠からず」（九二）という微妙な説相は、両義を含意するのではなかろうか。すなわち、浄土は既に来ているとも言えるし、未だ来ていないとも言える。証との統一における信、第十一願を含める第十八願は、浄土の到来を意味する。証を信から分けると、浄土の未到来となる。つまり『偈』には、彼土と此土の区別の無化と保持という両面がある。娑婆も浄土もないという面と、娑婆はどこまでも娑婆であり娑婆は浄土にならぬという面である。両者の連続と裁断、同一と断絶が同時に言える。どちらが欠けてもいけない。西方浄土・極楽往生というものがなければ、浄土教が浄土教でなくなるであろう。そこは禅と違う。ゆえに彼土と此土のいずれかに固執し他を排除するのは、親鸞の素意に背く。絶対矛盾の同一が、彼土と此土の〝間〟を根本的に規定する。浄土教徒がこの〝間〟に生きるかぎり、宗教的生は対立緊張を孕む動的統一と言わねばならぬ。「宗教はあらゆる偏執（Pedanterie）と一面性（Einseitigkeit）の不倶戴天の敵である」[42]に、傾聴すべきものがあろう。

正定聚は緊張対立の統一、絶対矛盾の自己同一の生を生きる。ゆえに正定聚と「浄土の菩薩」（五〇―五三）は、同一と差違、連続と断絶という関係に同時に立つ。正定聚が絶対的生を生きるかぎり、彼にとって浄土は憧憬の対象でもなければ期待でもない。裏から言えば、そういう浄土はこの世の不如意の投映にすぎない。

ところで、無量寿無量光が自己になる、阿弥陀が私になる、そこにニヒリズムの超克ということがある。ニヒリズムを通すゆえに、浄土は虚無の影をも宿さぬ。ニヒリズムの超克は、憧憬の対象としての浄土の止揚を意味するのである。「不来迎」はそれを含意するであろう。「まづ善信（親鸞）が身には、臨終の善悪をば申さず」（七七二）とあるように、正定聚は臨終に何の問題をも残さない。ゆえに「難思議往生」というも、新しい何かが加わるのではない。正定聚の功徳の全現にすぎない。「仏に成り極楽に往生することもなほやすし」（一一二五）も、この意を汲んだ教説であろう。以上、正定聚においては死は祝福である。「ひらつかの入道殿の御往生のことききき候ふこそ、……めでたさ申しつくすべくも候はず」（七三八）。

ニヒリズムの超克は、〝間〟の目的論的規定からの解放を意味する。此土は目的論的に浄土から定礎されない。娑婆は単に浄土への途上ではない。なるほど極楽というものがなければ、人生はもちこたえられないだろう。「ただねがふべきは極楽浄土、ただたのむべきは弥陀如来」（一一四〇）は、この消息を伝える。だが、それは虚無の深淵を通り抜けたところからの言挙げと言わなければならぬ。同じことであるが、「不可思議の弥陀の誓ひのなかりせば何をこの世の思い出にせん」[43]は、ニヒリズムを背後にした人の和歌である。目的論的規定の脱落ゆえに、正定聚は何かのために生きるのではない。彼は生きるから生きる、「なにゆえなき生」（Leben ohne Warum）、時が底なく時にかえされた無垢の生を生きる。「平生業成」（一〇八七）「なにのようもなく」（一二〇五）とは、そういう生の絶対肯定の謂い。なるほど正定聚は疑いもなく時のなかに生きる。しかし、彼は単に時を生きるのではない、永遠から開かれた時、滅びの影を宿さぬ生を生きる。

翻って、日常性は単に時のなかにある。そこに時は重荷となるであろう。ゆえに日常性は、過去か未来の方向に逃げる。前者は追憶、後者は期待。キルケゴールの言うように、追憶は女々しい、期待はみだらである。つまり日常的人間は、〝いま〟を生きていない。さて、「かの造悪の人は有後心・有間心に依止して生ず。

この十念は無後心・無間心に依止して生ず」(七祖、九八)は、追憶・期待の撥無、死せる時を生ける時へと呼び戻す言葉であろう。

次に、〝間〟としての「二益法門」の意味を考えたい。「有漏ノ穢身」(浩々洞、二二二)「いささか所労のこと」(八三七)は、〝間〟としての宗教的生にまつわる「苦」を語る。信心の行者もうつせみの身を保つかぎり、苦悩を脱することができぬ。生の不如意は一生続く。穢身を保つかぎりどうしようもない人間存在の有限性が、浄土と娑婆を隔てる。「浄土真宗に帰すれども　真実の心はありがたし　虚仮不実のわが身にて　清浄の心もさらになし」(六一七)「まことに知んぬ、悲しきかな愚禿鸞、愛欲の広海に沈没し、名利の太山に迷惑して、定聚の数に入ることを喜ばず、真証の証に近づくことを快しまざることを、恥づべし傷むべしと」(二六六)は、端的にこの有限性を語るであろう。ゆえに浄土と娑婆の〝間〟は、距離なきところから開かれた距離、方角なきところから開かれた方角と言わねばならぬ。〝間〟は物理学的空間でなく、宗教的実存の制限を現す。ゆえに「これより西方に、十万億の仏土を過ぎて世界あり、名づけて極楽といふ」(一二二)は象徴的な説き方。実体的な「西方十万億の仏土」があるわけでない。

「憂悩なき処」(九〇)、時の全き克服、生の完成は、彼土を俟たねばならぬ。したがって「二益法門」が説かれるのは、深い理由がある。もちろんそれは、真実信心の制限を意味しない。既述のように、正定聚には問題がすっかり決着したという面と、どこまでも問題を残すという両面があった。前者は落着き、後者は当為となる。どちらが欠けてもいけない。前者の欠落は空虚な理想主義に、後者のそれは安易な現実主義に陥るであろう。落ち着きは涅槃、当為は釈尊を理想とする無限の精進をいう。「精進覚支」「わが心にまかせずして心を責めよ」(一二四八)が正定聚に本質的に属する。名号の功徳が無限の精進と現れる。「衆生往生果」(四八―五三)もそういう視圏のもとに説かれていると思う。「娑婆永劫の苦をすてて　浄土無為を期すること本師釈迦のちからなり　長時に滋恩を報ずべし」（五九三）に、〝間〟の両義を読みとる。

彼土と此土の間は、信と証、煩悩と菩提、時と永遠の対立緊張の統一、二義のまま一義透明と言ってよい。「惑染の衆生、ここにして性を見ることあたはず、煩悩に覆はるるがゆえに……。安楽仏国に到れば、すなはちかならず仏性を顕す」（三七二）に、二義の一義を読みとる。また、「『一如法界の真身顕る』といふは、寂滅無為の一理をひそかに証すとなり」（九八七）は、一義透明としての〝間〟を説くと思われる。例えば「無生法忍」が、ある時は此土で、ある時は彼土で説かれるのも〝間〟の構造の反映であろう。二義のまま一義透明のゆえに、親鸞はいわば自由自在に彼土と此土を往還している。一義透明は真理の全現、一義から開かれる二義は真理の隠蔽である。正定聚において全現と隠蔽が、同時に言われ得る。「信心よろこぶそのひとを　如来とひとしとときたまふ　大信心は仏性なり　仏性すなはち如来なり」（五七三）「如来すなはち涅槃なり　涅槃を仏性となづけたり　凡地にしてはさとられず　安養にいたりて証すべし」（五七三）。この二首『和讃』に、これを看取することができるであろう。すなわち如来の功徳全体がまるまる此土に現るとも言えるし、彼土を俟つとも言える。真宗は両面が徹底して一つになるところに立つ。そうでなければ「浄土にて得べき益」（一〇八九）も、何の証明ももたぬ表象・観念にすぎないであろう。

「信は願より生ずれば　念仏成仏自然なり　自然はすなはち報土なり　証大涅槃うたがはず」（五九二）は、〝間〟を自然と讃じる。信と証、煩悩と菩提も自然の二字に摂まる。自然が現れて称名となる。称名は「煩悩即菩提」の真理証明、煩悩と菩提の矛盾対立の止揚。「即」は両者の一義透明の現成である。「罪はさはりともならず、されば無き分なり」（一二四四）は、「即」における煩悩の非化、距離の無化を伝える。また、「命の娑婆にあらんかぎりは、罪は尽きざるなり」（一二四四）に、非化・無化から開かれる距離を看取し得よう。念々称名は、煩悩の有無、距離の有無の統一であると言ってよい。以上、彼土と此土の〝間〟は、文字通り称名である。〝間〟は称名として規定され、時が創造的な意味をもつ。正定聚は創造的な時を生きる。娑婆に留まらなければできない仕事もあろう。「心を正しくし意を正しくして、斎戒清浄なること一日一夜すれば、無量寿国にありて善をなすこと百歳せんに勝れたり」（七三）に、〝間〟の創造的性格を読みとることができる。

「海の内外《うちと》の　へだてなく　み仏《おや》の徳の　とうとさを　わがはらからに　伝えつつ　浄土《みくに》の旅を　ともにせん」（宗歌）は、〝間〟を「みくにの旅」と歌う。同じく宗歌に「六字のみ名を　となえつつ」とある。称名はそういう旅の歩みである。

第四章　真理の全現と新しい出発

全現とは、すべての覆いと制限がはずされ、文字通り真理がまる出しになることをいう。「貪愛瞋憎之雲霧　常覆真実信心天……煩悩障眼雖不見　大悲無倦常照我」における「常覆……障眼」があとかたもなく消え失せ、大悲光のもと「信心天」が輝く。真理の全現は、名号において生死するのであるから生の完成、死の完成と言える。「臨終一念の夕、大般涅槃を超証す」（一二六四）は、全現を涅槃のさとりと釈する。それは「滅度にいたる」（一一〇八）「往生即成仏」「難思議往生」（一二〇二）「法性の常楽を証す」（四八八）とも讃じられる。彼土・此土の全体を摂する光の源泉、名号・仏像・祖像の出どころに還るとともに照用そのものになる。「戒行・慧解ともになしといへども、弥陀の願船に乗じて、生死の苦海をわたり、報土の岸につきぬるものならば、煩悩の黒雲はやく晴れ、法性の覚月すみやかにあらはれて、尽十方の無礙の光明に一味にして、一切の衆生を利益せんときにこそ、さとりにては候へ」（八四七）。

「つつしんで真実証を顕さば、すなはちこれ利他円満の妙位、無上涅槃の極果なり」（三〇七）。「つつしんで真仏土を案ずれば、仏はすなはちこれ不可思議光如来なり、土はまたこれ無量光明土なり」（三三七）。「如来はすなはちこれ涅槃なり、涅槃はすなはちこれ無尽なり、無尽はすなはちこれ仏性なり、仏性はすなはちこれ決定なり、決定はすなはちこれ阿耨多羅三藐三菩提なり」（三四二―三四三）。つまり真実証の現れる境界が、真仏土にほかならない。「証巻」「真仏土巻」、その内実を等しくするのである。

真理の全現とは、真実証・「大悲の誓願に酬報する」（三三七）・光明無量寿命無量をいう。ここに真理の全現が、名号の徳の全き開顕にほかならぬことはあきらかである。これは名号のほかに真実証も真仏土もないことを意味する。ゆえに難思議往生というも、正定聚・真実行信のほかに新しい何かがつけ加わるのではない。この世とは別のあの世があるわけではない。

真理の全現において、彼土と此土の距離があとかたもなく消え失せる。一義性が姿を没しすべてが一義透明となる。生は、否定と肯定を離れ絶対肯定の遊戯三昧となる。既述のように、あらゆる苦悩は自己主張の抑圧から来るから、「不貪計心の願」（一七、註）の成就、我見・身見の脱落としての真理の全現が、一切の苦悩からの解放を意味することはあきらかである。「舎利弗、かの土をなんがゆゑぞ名づけて極楽とする。その国の衆生、もろもろの苦あることなく、ただもろもろの楽を受く。ゆゑに極楽と名づく」（一二二）「三塗苦難ながくとぢ　但有自然快楽音　このゆゑ安楽となづけたり　無極尊を帰命せよ」（五六四）の光沢を蒙って、極楽・安楽のゆえんを知る。つまり自己を自己として結ぶ中心点・極微の一点を尽十方無礙光が貫通するゆえに、極楽と名づけられる。尽十方無礙光において無限大を、極微の一点において無限小を語れば、浄土の論理は、無限小が無限大、無限大が無限小、一即一切　一切即一と呼ばれなければならない。全体の目ざめと一つに自己の目ざめ、自己の目ざめと一つに全体の目ざめである。「ただこの菩薩の一毛孔の光を見れば、すなはち十方無量の諸仏の浄妙の光明を見る」（一〇五）「よく十方世界をして一毛孔に入れしめ、乃至一微塵においてよく無量無数不可説の世界を現ずる」（七祖、九八四―九八五）は、法界の論理を象徴する。名号の貫通する極微の一点は、「一子地」（五七三）と称えられる。「一子地」は「平等心をうるとき」（五七三）であるから、「一子地」が平等の地、そのほかに真の平等はない。「一子地」「一毛孔」は、平等と差別がともに徹底されて一つになるところ、差別から平等に入り平等から差別に出るところ、差別即平等　平等即差別をいう。ゆえに平等を忘れた差別、差別を忘れた平等は、抽象的、悪平等・悪差別と言わねばならない。「無有好醜の願」（一六）により、浄土はそういう差別を離れることはあきらかである。また、全体と相即ゆえに「一子地」は、個我の破れるところとして孤独をいうのでなく、むしろそれからの解放である。「三界の衆生をわがひとり子とおもふことを得るなり」（五七三、異本左訓）「仏法蔵を集めて凡愚に施す」（四八五）「不思議の徳をあつめたり」（五六〇）「十方衆生のためにとて如来の法蔵あつめてぞ　本願弘誓に帰せしむる　大心海を帰命せよ」(五五九)「神智洞達して、威力自在なり。よく掌のうちにおいて、一切世界を持せり」(三一)に鑑みて、あきらかに浄土はいたるところが無限の慈悲と智慧、「無上甚深の功徳利益」(一二〇〇)の集中点である。浄土はいたるところが絶対の中心、いたるところですべてが一つに集められる。「時処諸縁を隔つることとなし」(四八六)は、これを語ると思う。すなわちすべてにおけるすべて——それが阿弥陀である。阿弥陀の外に洩れるものは、何もない。「十方来生」(七九—八一)「証誠段」(一二五—一二七)は、この集中を説くであろう。「無礙の光明は大慈悲なり。この光明はすなはち諸仏の智なり」(五四五)も、弥陀名号における諸仏の智の集中を讃じる。集中は力による。浄土は「法蔵の大願業力」(五四五)「正覚の阿弥陀法王の善力」(五四五)に摂持される力の場である。「安楽の至徳」(五四五)は、その力によって成る。「不思議力」(五四五)の統べるゆえに、我見脱落のゆえに、浄土には個我がない、自己からの見やりという「遠近法」(Perspektiv)がない。したがって他我もない。「彼なく我なく、競なく、訟なし」(五〇)。「その国土のあらゆる万物において我所の心なく、染着の心なし。去くも来るも、進むも止まるも、情に係くるところなく、意に随ひて自在にして適莫するところなし」(五〇)。「かの仏国土にもろもろの往生するもの」(三六)は、「精微妙軀非人天虚無之身無極体」(五六〇)をうける。浄土は、絶対無の現成として真空妙有である。「無而忽有なる、これを名づけて化となす」(七祖、一九五)に鑑みて、浄土の荘厳は実体的なものではない。それは「化」、象徴と言わねばならぬ。

「如来清浄本願の無生の生」(五八六)ゆえに、「見生の火、自然に滅する」(七祖、一二六)。浄土の生は「無生の生」、「往生するもの」は、生滅の滅した生、いかなる滅びも含まぬ生を生きる。「生滅滅已　寂滅為楽」(諸行無常偈)。浄土は、自他の対立を絶する自他不二の場として自己主張の影も差さぬ。不如意の脱落は如意。如意は苦悩の根源の断除を意味する。例えば、「宝池荘厳」(三五—三六)における菩薩・声聞の入浴風景は、如意の象徴的表現と言える。自己主張があとかたもなく消え失せるところは、随順のみであろう。「〔聞く人は〕清浄・離欲・寂滅・真実の義に随順し、三宝・〔十〕力・無所畏・不共の法に随順し、通慧、菩薩・声聞の所行の道に随順す」（三六）。帰無と未来という時の断片性は消え失せて、永遠の現在が輝く。このようなかたちで、涅槃は「三苦」（五）の完全な克服にほかならぬ。

全体と一の相即、一即一切 一切即一は、集中の徹底されるところをあらわす。虚無は散乱の場であるが、浄土はすべてを一つに集める場である。「悲願はたとへば……なほ大地のごとし、三世十方一切如来出生するがゆえに」（二〇〇―二〇一）は、集中の根源を開示するであろう。これをふまえて阿弥陀は「本師本仏」（一二一三、一二二〇）と讃えられる。「かくのごときの諸上善人とともに一処に会することを得ればなり」（一二四）「引接結縁の楽」（七祖、八六九）は、散乱を集める本願力の現成である。浄土は、絶対に分かれることのない出会いの場にほかならない。浄土は、愛別離苦を超える悲心によって成る。

「平等心をうるとき」（五七三）は、「已今当の往生は　この土の衆生のみならず　十方仏土よりきたる　無量無数不可計なり」（五六二）は、無限の時空を集める中心点の現成にほかならない。もちろん浄土の「とき」は、娑婆の時ではない。「無垢荘厳の光、一念および一時に、あまねく諸仏の会を照らし、もろもろの群生を利益す」（七祖、三一―三二）「身は動揺せずしてあまねく十方に至る」（七祖、九〇）「大小僧祇恒沙劫も　願往生　また弾指須臾のあひだのごとし　無量楽」（七祖、七二四）は、そういう「とき」を語るであろう。それゆえにあらゆる時間・空間概念は、浄土に通用しない。それは浄土にもちこまれてはならない。空間的距離、時間的前後は意味を失う。六神通（神足通・天眼通・天耳通・他心通・宿命通・漏尽通）は、時空を超える不可思議力の象徴であろう。したがって例えば、「その時世尊、耆闍崛山にましまして、韋提希の心の所念を知ろしめして、すなはち大目犍連および阿難に勅して、空より来らしめ、仏耆闍崛山より没して王宮に出でたまふ」

（八九—九〇）という経説を超自然的現象として喪り去るのは、あまりにも乳くさい散文的悟性のさまよいである。

いたるところが絶対の中心とは、一切が一切を重々無尽に媒介し合うことにほかならない。そういうかたちで三世十方一切の諸仏が映し合う。「去来現の仏、仏と仏とあひ念じたまふ」（八）「七宝樹林くににみつ　光耀たがひにかがやけり　華・果・枝・葉またおなじ　本願功徳聚を帰命せよ」（五六三）は、一切が一切を映し合うこと、「帰命」がその証しにほかならないことを和讃する。浄土は無数の自覚点が互いに他を映し合う、すべてのものの相互礼拝の場である。「華光出仏」（四〇）が百千億の花びらの相互照応する無礙の相だというのは、相互礼拝としての浄土の動的構造を現すと思う。また、「帰命」とはすべてがすべてにおいて中心を交換し合うこと、相互にそのもとをもち合うことをいう。一切が一切においてそのもとをもち合う。「もろもろの庶類のために不請の友となる」（七）「意を先にして承問す」（一二六）にも、それを看取し得よう。まさに西谷啓治の言う回互関係である（宗教とは何か、空の立場）。回互関係は本願に基づき、その成立を阿弥陀という。以上述べたように、一即一切　一切即一は、力・慈悲・智慧の論理、理事無礙・事事無礙の法界論理である。その論理の円融無礙遊戯三昧——それが真理の全現にほかならない。

真理の全現は、宗教的生の完成である。だが、完成は停止ではない。宗教的生は止まるということを知らぬ。涅槃寂静とは言われるが、単に静止したもの動きを知らないものは涅槃ではない。涅槃・浄土は静即動動即静。「しかればすなはち智慧と方便とあひ縁じて動じ、あひ縁じて静なり。動の静を失せざることは智慧の功なり。静の動を廃せざることは方便の力なり」（七祖、一四八）。静より動へ出るのは「哀愍」（五八）、三解脱門（空解脱門・無相解脱門・無願解脱門）における当為である。転法輪には動静の統一がある。以上、浄土は目的地でなく新しい出発地であることはあきらか。既述のように、正定聚はニヒリズムをニーチェのいわゆる「神の死」を背後にした。したがって難思議往生において対象的に表象された「浄土」は、踏みこえられる。凡夫の考えているような浄土はない。真実報土は背後世界でもなければ、目的地・到着点でもない。「無住処涅槃」と言われるように、浄土は留まるところではない。

「得至蓮華蔵世界　即証真如法性身　遊煩悩林現神通　入出死薗示応化」は、入出二門をまとめる。前二句は入功徳・自利満足、後二句は出功徳・利他満足を説く。相俟って「自利利他円満」（五六二）を讃じる。また、前二句は真理の全現、後二句は新しい出発を語る。全現がそのまま新しい出発、出発がそのまま全現。園林遊戯地門は全現と出発を一つにまとめる。「自利利他円満」は、全現と出発の円融無礙の相即にほかならぬ。ところで浄土は煩悩のない世界であるが、後二句には煩悩・生死、「曇鸞章」では衆生が正面に出ている。浄土が一方的な往ききりの世界であれば、『偈』の説く煩悩・生死・衆生との関係は考えられぬ。すなわち真実報土は、到着点でなく転換点でなければならぬ。

真理の全現は、現実と別の世界に入るのではなく、現実の現実としての現成を言う。ゆえに全現・新しい出発というも、「正法に不思議なし」と言われるように何ら変わらぬ。新しく一塵も動かぬ。〝ありのまま、そのまま〟。花は紅、柳は緑。ただ、生死の意味が変わるにすぎぬ。「生死即涅槃」として、流転・苦海から転法輪・利他への意味転換である。「弥陀大悲のむねのうちに、かの常没の衆生みちみちたるゆゑに、機法一体にして南無阿弥陀仏なり」（一三九二）は、転換の根源の開示であろう。それゆえに本願の本願としての現成と生死の意味転換の実現は、同義と言える。生死の意味転換として本願の現成があり、本願の現成として意味転換がある。「煩悩・菩提体無二」（五八四）「罪障功徳の体となる」（五八五）「かならず煩悩のこほりとけ　すなはち菩提のみづとなる」（五八五）は、同義の証明にほかならない。「遊煩悩林現神通　入生死薗示応化」は、「煩悩即菩提」としての生死煩悩の創造的転成にほかならぬ。

「弥陀・釈迦方便して　阿難・目連・富楼那・韋提　達多・闍王・頻婆沙羅　耆婆・月光・行雨等」(五七〇)に鑑みると、応化身はかならずしも仏像・祖像にかぎらず、王舎城悲劇の登場人物でもある。それゆえにこそ「権化の仁」(一三二)と言われる。また、「釈迦韋提方便して　浄土の機縁熟すれば　雨行大臣証として　闍王逆悪興ぜしむ」(五七〇)「大聖おのおのもろともに　凡愚底下のつみびとを　逆悪もらさぬ誓願に　方便引入せしめけり」(五七〇)は、「逆害」(一三二)「五逆」(一一六六)を如来の転法輪として開く。「一切衆生、阿耨多羅三藐三菩提に近づく因縁のためには、善友を先とするにはしかず」(二八〇)は、耆婆によって阿闍世王が救済に導かれたこと、耆婆・闍王における真理の全現を讃じるであろう。これは王舎城の悲劇説話でなく、「常転無垢輪」(七祖、一三六)として〝いまここ〟のことでもある。すなわち存在するものの全体、すべての出来事が、如来の説法、応身・化身・「如来浄華の聖衆」(五八〇)と言われなければならぬ。そこから見れば、いまここに『大経』の会座が開かれ、菩薩・天人が充満し、一切衆生が聴聞している。それゆえに「相好ごとに百千の　ひかりを十方にはなちてぞ　つねに妙法ときひろめ　衆生を仏道にいらしむる」(五六四)という華光出仏は、路傍の花と別ではなかろう。名号の現成として開花の秘密が開示されると言ってもよい。梵鐘の音も「正覚の大音」(一二)、「迦稜頻伽」(一二二)も野山に鳴く鶯と別ではない。すなわち山河大地も「安養浄土の荘厳……唯仏与仏の知見」(五八〇)、諸事万端・万象森羅が如来の転法輪と言わねばならない。また、「あるときには肉山となりて衆生に食噉せられ、あるときは大魚となり身分を衆生にあたふ。菩薩の慈悲これをもてしるべし」(三、六八七)は、現実を「菩薩の慈悲」として開く。「五濁の刹に現じて群生に随順す。塵垢ありと示して金流に沐浴す」(四)「粟散片州に誕生して　念仏宗をひろめしむ　衆生化度のためにとて　この土にたびたびきたらしむ」(五九八)は、「化」として現実を開く。「化」は現象即絶対にほかならぬ。それは見たり聞いたりする世界を現実と執する私たちから言えば、裏返された世界、世界の二重構造であろう。しかし世界は二つも三つもあるわけではない。一真実の世界である。『往生論註』(七祖、一二六)『和讃』は、一真実の世界を説く。我見・身見との関係において二重構造と言われるのである。ろうか。

「必至無量光明土　諸有衆生皆普化」。「無量光明土」における「衆生」――これはどのように解すべきだ両面を開く。既述のごとく、名号のことわりは一切衆生の救済成就とどこまでも私一人のそれにかかわるという。どちらが欠けても「衆生」が、理解されないだろう。まず、次の法文に手がかりを求める。「親鸞は父母の孝養のためとて、一返にても念仏申したること、いまだ候はず。そのゆゑは、一切の有情はみなもつて世々生々の父母・兄弟なり。いづれもいづれも、この順次生に仏になりてたすけ候ふべきなり。わがちからにてはげむ善にても候はばこそ、念仏を回向して父母をもたすけ候はめ。ただ自力をすてて、いそぎ浄土のさとりをひらきなば、六道四生のあひだ、いづれの業苦にしづめりとも、神通方便をもつて、まづ有縁を度すべきなり」(八三五)。親鸞は「有縁」とは言うが、「父母」とは言っていない。そこにいささかの私情もない。全く私のない述懐である。また、「仏慧功徳をほめしめて　十方の有縁にきかしめん」(五六五)「有縁を度してしばらくも　休息あることなかりけり」(五五九)「十方三世の無量慧　おなじく一如に乗じてぞ　二智円満道平等　摂化随縁不思議なり」(五六四)にも、『歎異抄』と同じこころが流れている。もし「平等覚」(五五七)「平等力」(五六〇)「平等施一切」が抽象的平等をいうならば、「有縁」ということが出て来ない。差別を含む平等・具体的平等でなければ、「有縁」が考えられぬ。そこに「平等」と「有縁」が同時に言われ得る。「無縁の慈」(一〇二)は「有縁」を排除せぬ。利他は具体的な個に働く。如来は抽象的普遍でなく、個を呼び戻す。「天道施張して自然に紏挙し、網紀の羅網、上下相応す」(七二)に、個を読むことができるだろう。「業道の網」(七二、脚註)は、まさに個にほかならぬ。そして「業道の網」が無限の広さと深さにおいて本願と逆対応する。そこに「有縁」が考えられるであろう。

そういう矛盾対立の同一が、「機法一体」と言われる。「機」に差別を「法」に平等を読めば、「機法一体」は差別即平等 平等即差別、「一智円満道平等」（五六四）にほかならぬ。「機」はそれこそ千差万別であるから、「機法一体」としての往生は、新しい縁を結び浄土の荘厳を新たにすると言える。悪業煩悩が慈悲の通路となる。そこに「まづ有縁を度すべきなり」が言挙げされるわけである。「もしこの書を見聞せんもの、信順を因とし、疑謗を縁として、信楽を願力彰し、妙果を安養に顕さん」（四七三）は、信謗ともに摂する願力を讃じる。このように「平等覚、平等力」をふまえて、差別の深い意味はいよいよ輝く。

「衆生多少不思議」「生死休まず、悪道絶えず」（七〇）が、止むことのない利他の大活動に転じる。苦悩が慈悲の場「普賢の徳」（五五九）となる。「観音・勢至もろともに　慈光世界を照曜し　有縁を度してしばらくも　休息あることなかりけり」（五五九）「釈尊は五百塵点劫のむかしより八千遍まで世に出でて、かかる不思議の誓願をわれらにしらせんとしたまふ」（一三八五）「我歳きはまりて、安養浄土に還帰すといふとも、和歌の浦曲の片雄浪の　よせかけ〳〵帰らんに同じ」（浩々洞、一〇九七）。いづれも止むことのない利他の大活動を現す。

以上、真理の全現は大智大悲の全現、新しい出発は大智大悲のはたらきである。大智大悲において生死因果の必然性が、縛りという性格を脱する。生死因果が、そのなかから「遊戯」（三三四）「自娯楽」（三三二）という性格を現して来る。自由即自然　必然即自由は、「遊戯」「自娯楽」にほかならない。「修行成就しをはりぬれば、まさに教化地に至るべし。教化地はすなはちこれ菩薩の自娯楽の地なり」（三三二）。「〈遊戯〉に二つの義あり。一つには自在の義。菩薩衆生を度す。たとへば獅子の鹿に搏つに、所為難らざるがごときは、遊戯するがごとし、二つには度無所度の義なり。菩薩衆生を観ずるに、畢竟じて所有なし。無量の衆生を度すといへども、実に一衆生として滅度を得るものなし。衆生を度すと示すこと遊戯するがごとし」（三三四）。

真理の全現も新しい出発も「生死即涅槃」として現実そのもの、自然法爾にほかならない。

Eine Untersuchung über *SHŌSHINGE*
—Hymne über das wahre Vertrauen in das Nembutsu—

Es scheint mir, dass die neuzeitliche Welt in eine ausweglose Sackgasse geraten ist. Das ist eine Blockierung, die die ganze Welt bedeckt. Die Wirklichkeit kehrt sich von allen optimistischen Anschauungen ab. Das menschliche Geschlecht steht, meiner Meinung nach, einer bisher noch nicht erfahrenden Gefahr gegenüber. Konkret gesagt, verbreiten sich die nuklearen Waffen quantitativ und qualitativ in der Welt. Uud der Aufruf zur Vertilgung derselben verhallt ungehört. Auch ist die Umweltfrage der Erde in einer Krise. Die Technik wird zur Steigerung der Produktionskraft auf dem Markt hineingezogen. Die Globalisierung der Wirtschaft geht immer weiter vorwärts. Der Mensch ist zum Wachstum der Ökonomie in der Geschäftswelt gehetzt. Es ist immer schwieriger, menschenwürdig zu leben.

Die Probleme gehen über die einzelnen Gebiete der Politik, Ökonomie, Wissenschaft usw. weit hinaus und sind mit dem Grundcharackter der gegenwärtgen Zeit verknüpft. Nun kann man sagen, dass die neuzeitliche Welt auf dem von Descartes gelegten Gleis fährt. „Ich denke, also bin ich" war der Ruf, wodurch der Mensch seinen festen Grund gefunden hat. Das ist die Manifestation seiner Sebständigkeit, wodurch der Mensch zum Subjekt geworden ist. Der Sitz der Wahrheit liegt im Subjekt und die Subjektivität ist die Wahrheit. Damit verbunden wird <vernüftig-rational> der maßstab der Würde des Menschen. Wobei die Natur in der gegensätzlichen Beziehung zu ihm auftritt und das Wissen ein eroberndes wird.

Also liegt die grundliegende Ursache der soeben erwähnten Krise und Blockierung darin, dass die Erfassung des Menschen als Subjekt das Problem nicht aushalten kann. Was gefragt ist, ist nichts anderes als der Mensch selbst. Bekanntlich fing Descartes mit diesem Zweifel an. In diesem Sinne ist die neuzeitliche Subjektivität durch Zweifel entstanden. Aber die Tatsache, dass heute der Mensch erneut gefragt wird, besagt: beim Zweifel Descartes' etwas unbefragt bleibt. Sein Zweifel enthält nicht das Ich im <ich denke>. Dies steht außer Frage. Daher verknüpft sich direkt <ich denke> mit der Gewißheit von <ich bin>. Anders gesagt, ist der Sinn des Seins unbefragt im Dunkel gelassen. In diesem Sinne bleibt sein Zweifel als ein methodischer.

Nun hat der Buddhismus, wie <Mönch werden Gotama Siddharthas> symbolisiert, mit dem großen Zweifel begonnen. Groß heißt: das Ganze von Ich und Welt in die Frage einzubeziehen. Es gibt nichts außer der Frage. Er hat sein Leben als Skeptiker angefangen. Daraus gesehen muss man sagen, Descartes' Zweifel sei ein kleiner. Der große Zweifel zieht den Menschen als Subjekt in die Frage hinein. Damit wird die in der Subjektivität gehaltene <Subjekt-Objekt-Beziehung> als grundlos ins klare gebracht. Was den Zweifel im Buddhismus konstruiert, ist <Leben, Altern, Krankheit und Tod>. Dazu drängt alles. Es gibt niemanden, der diesen Qualen entkommen kann. Der Zweifel Gotama Sidahrthas ist nicht ein methodischer, sondern ein existentieller. Gotama Siddhartha ist den Weg des Zweifel durchgegangen und Buddha geworden. Das bedeutet zugleich die Auflösung des Zweifels.

Der Buddhismus ist nämlich der Weg aus dem Kreislauf von Leben und Tod ins Nirwana, d.h. die Befreiung vom weltlichen Leiden. Im Nirwana ist und bleibt <das Ich> nicht. <Das Ich> wird von Grund auf ausgelöscht. Buddhismus heißt, Selbstlosigkeit, Ekstase und *Muga*.

Die moderne Zeit kann nicht mehr zum Mittelalter zurückkehren. Sollte also die Überwindung der Neuzeit genannt werden, gibt es nichts anderes als dass man durch die neuzeitliche Subjektivität hinübergeht, d.h. das Durchbrechen derselben. Übrigens geht es der Existenzphilosophie so wie Kierkegaard, Nietzsche und Heidegger usw. in irgendeiner Weise um Transzendenz. Sie beabsichtigen in jeder Weise die Überwindung der Neuzeit. Aber wir folgen nicht ohne weiteres den Strömungen des europäischen Denkens.

Wie schon gesagt, hat der Buddhismus durch den radikalen Zweifel das Problem der Neuzeit vorweggenommen. Die orientalische Weisheit glänzt ewig über die Zeit hinweg. Insofern umgreift der große Zweifel das Seiende im ganzen, eröffnet aus ihm die Grenzsituation, wo das Dasein des Menschen zu Ende geht. Aus diesem Wahrheitsuchen ist die Lehre des reinen Landes im Buddhismus entfalten worden. Dieses meint : die eigene Kraft, *Jiriki* verlassen und sich der fremden Kraft, *Tarik* hinzugeben. Den Bahnbrecher der Lehre des seligen Landes, Hōnen übernehmend hat sein Schüler Shinran den Gedanken desselben vollendet. Das ist der Gedanke der absoluten Fremdkraft. Der ist in seinem Hauptwerk, im *<Kyō Gyō Shin Shō>—von der Lehre, der Praxis, dem Vertrauen und der Erleuchtung*—konzentriert. *SHŌSHINGE* ist die Quintessenz des Hauptwerkes, d.h. der Gipfel des Gedankens vom reinen Land. Der tiefe gegenwärtige Sinn dessen ist kaum nötig zu erwähnen.

註

（1）中村元訳『ブッダの真理のことば感興のことば』岩波文庫、一九八〇年、二六頁。

（2）Friedrich Wilhelm Nietzsche : *Also sprach Zarathustra*, Kröners Taschenausgabe, Bd, 75, 1988, S.8.

（3）鈴木大拙編者『妙好人浅原才市集』春秋社、一九六七年、四三六頁。

（4）大橋俊雄『法然　一遍（日本思想大系10）』岩波書店、一九七一年、三五八頁。

（5）同右。

（6）寺田透　水野弥穂子『道元　上（日本思想大系12）』岩波書店、一九七〇年、三五頁。

（7）前掲『妙好人浅原才市集』、四一二頁。

（8）前掲『道元　上』、二〇頁。

（9）Friedrich Schleiermacher : *Über die Religion*, Philosophische Bibliothek, Bd. 255, 1958, S.74.

（10）西谷啓治『宗教哲学（悪の問題）』著作集第六巻　創文社、一九八七年、二五三頁。

（11）九条武子『真宗勤行集（聖訓）』百華苑、一九七八年、一二三頁。

（12）前掲『妙好人浅原才市集』、三六三頁。

（13）鎌田茂雄『日本の禅語録（19白隠藪柑子）』講談社、一九八二年、三二四頁。

（14）F. Schlerermacher : *Über die Religion*, S. 30.

（15）Sören Aabye Kierkegaard : *Die Krankheit zum Tode*, Gesammelte Werke, 24.und 25. Abt. Eugen Diedrichs Verlag, 1957, S.90.

（16）S. A. Kierkegaard : *Die Krakheit zum Tode*, S.113.
（17）梶山雄一／瓜生津隆真訳『大乗仏典（14龍樹論集六十頌如理論）』中央公論社、一九七四年、五一頁。
（18）清水順保『庄松ありのままの記』永田文昌堂、昭和四十一年、二二五頁。
（19）前掲『ブッダの真理のことば感興のことば』、五六頁。
（20）前掲『妙好人浅原才市集』、二〇一頁。
（21）西尾　実／鏡島元隆／酒井得元／水野弥穂子　校注『正法眼蔵　正法眼蔵随聞記（日本古典文学大系81）』岩波書店、一九六五年、四三二頁。
（22）前掲『妙好人浅原才市集』、一七四頁。
（23）柳宗悦・衣笠一省編『因幡の源左』百華苑、平成十六年、七九頁。
（24）東郷豊治編著『良寛歌集』創元社、一九七四年、三三六頁。
（25）稲葉昌丸『蓮如上人遺文』法蔵館、一九四八年、五七七頁。
（26）衛藤郎応　校注『正法眼蔵（下巻）』岩波文庫、一九五一年、二三九頁。
（27）西嶋和夫『普勧坐禅儀講話』金沢文庫、一九八八年、一九頁。
（28）前掲『蓮如上人遺文』、五八〇頁。
（29）前掲『正法眼蔵（下巻）』岩波文庫、二四〇頁。
（30）伊藤康善『仏敵』春秋社、二〇〇二年、一〇五頁。
（31）F.W. Nietzsche : *Aloso sprach Zarathustra*, S.8.
（32）F.W.Nietzsche : *Die fröhliche Wissenschaft*, S.140.
（33）坂本幸男／岩本　裕註『法華経　中』岩波文庫、一九六四年、八八頁。

(34) 菅　真義『妙好人　有福の善太郎』百華苑、一九九四年、一一一頁。
(35) 前掲『因幡の源左』、一三〇頁。
(36) 前掲『蓮如上人遺文』、四一六頁。
(37) 前掲『法華経　上』、一九八頁。
(38) 前掲『因幡の源左』、一一五頁。
(39) 大久保道舟訳註『道元禅師語録』岩波文庫、二〇〇九年、一三三頁。
(40) 前掲『道元　上』、一一頁。
(41) 前掲『真理のことば感興のことば』、一八頁。
(42) F.Schleiermacher : *Über die Religion*, S.37.
(43) 前掲『良寛歌集』、三三八頁。

あとがき

長い間にわたって、『正信偈』を読んで来た。だが、なかば慣習的に唱和するのみで深く考えるということはなかった。しかし、人生の夕暮れをむかえて何か心に残るものがあった。それで本気に『正信偈』に取りくむと、宝の山にぶつかるように思った。仏教は人類の宝、まして『正信偈』は宝のなかの宝、至宝である。このまま『正信偈』を教団のなかにとどめておくのは、いわば宝のもち腐れであろう。『正信偈』を現代に生かすためには、教団の内と外に同時に開かれなければならない。それは真宗学から宗教哲学へ出ることを意味する。そのためには、真宗学の諸概念を新しくとらえ直す必要がある。その基本的な手続きが、拙著では充分になされていない。旧い専門用語をいわば濾過することなしにそのまま使ったところが多い。用語が真宗学と哲学の間を動揺、それが拙著の過度的な性格を形成している。だが、著者の力量ではどうすることもできなかった。篤学の士をまつ次第である。なお、『正信偈』の章句の分節配列は、『礼拝聖典』(浄土真宗聖典普及会) によった。記して謝意を表する。

ドイツ語の要約にご指導をたまわった島根大学ローランド シェルツ先生に、心からお礼を申し上げる。また、出版をお引き受けくださった永田文昌堂、印刷製本の労をわずらわした報光社 荒木淳氏、校正を手伝ってくれた小谷久美子さんに謝意を表す。

著者略歴

松 塚 豊 茂（まつづか・とよしげ）

1930 年，奈良県大和郡山市に生まれる．1955 年，京都大学文学部哲学科卒業．1960 年，同大学大学院博士課程単位修得退学．京都大学博士(文学)．専攻，宗教哲学．島根大学名誉教授．日本宗教学会名誉会員．

〔著書〕『ニヒリズム論攷』,『倫理学講義』,『石見の善太郎』,『浄土の光　－学生への手紙－』,『聞光録』,『光を聞く－聞法・信心』,『良寛に学ぶ』,『浄土教思想の哲学的考察』,『真実の人－妙好人』,『絶望の論理』,『ニヒリズムと往生要集』,『愛と罪』,『光を聞く－生・老・病・死』,『法句経を読む』,『光を聞く－人間・人間関係－』,『蓮如御文章の研究』,『浄土と虚無』

〔監修〕『いのちに光る－甚野諦観先生遺稿集－』.

正信偈の研究

二〇二一年九月二十五日　発行

著　者　松塚豊茂

発行者　永田　悟

発行所　永田文昌堂

〒六〇〇-八三四二

京都市下京区花屋町通西洞院西入

電　話（〇七五）三七一-六六五一

ＦＡＸ（〇七五）三五一-九〇三一

印刷・製本　株式会社　報　光　社

島根県出雲市平田町九九三

電　話（〇八五三）六三-三九三九

ＦＡＸ（〇八五三）六三-四三五五

E-mail：info@hokosya.co.jp

ISBN978-4-8162-6254-8 C1015